活动策划实战宝典

苏海 编著

品牌推广+人气打造+实战案例

清华大学出版社
北京

内 容 简 介

活动怎么入手、如何策划？活动有哪些类型？策划活动有哪些技巧？怎么成功举办、完美收场？前期、中期和后期又分别怎么具体进行？

本书通过"案例+技巧"，从两条线帮助读者快速成为活动策划高手！

一条是横向案例线，本书从多个行业实战中提炼出14章专题内容，详解20多种活动，总计有20多个经典案例。内容涉及互联网活动策划、节假日活动策划、促销活动策划、会展活动策划、企业活动策划、公关活动策划、大学活动策划、微信活动策划、微商活动策划、餐饮行业活动策划、美容行业活动策划、游戏行业活动策划等，以80多个专家提醒、120多个重点语句、160多张精美实用图片、290多个图解对不同活动类型的特色、策划重点与策划技巧进行展示。

另一条是纵向技巧线，有4大行业重点分析、4大活动策划规则、4大活动策划核心内容、6大活动策划要点、7大活动策划原则、9大活动类型策划技巧等。针对活动策划类型、特点、方法、诀窍、注意事项、运营策略、策划书要点等7大方面内容，对读者进行系统性的指导。

本书结构清晰，拥有一套完整、详细、实战性强的活动策划系统，适合电商微商活动策划者、各公司活动策划工作人员、活动策划公司的管理者、专业的活动策划者、公关领域的专家、企业活动策划部门的培训教材等。

本书封面贴有清华大学出版社防伪标签，无标签者不得销售。
版权所有，侵权必究。举报：010-62782989，beiqinquan@tup.tsinghua.edu.cn。

图书在版编目（CIP）数据

活动策划实战宝典：品牌推广+人气打造+实战案例 / 苏海编著. —北京：清华大学出版社，2017（2024.2重印）
ISBN 978-7-302-45129-7

Ⅰ. ①活… Ⅱ. ①苏… Ⅲ. ①活动—组织管理学 Ⅳ. ①C936

中国版本图书馆CIP数据核字（2016）第231632号

责任编辑：贾小红
封面设计：刘　超
版式设计：牛瑞瑞
责任校对：王　云
责任印制：宋　林

出版发行：清华大学出版社
网　　址：https://www.tup.com.cn，https://www.wqxuetang.com
地　　址：北京清华大学学研大厦A座　　邮　编：100084
社 总 机：010-83470000　　邮　购：010-62786544
投稿与读者服务：010-62776969，c-service@tup.tsinghua.edu.cn
质量反馈：010-62772015，zhiliang@tup.tsinghua.edu.cn

印 装 者：大厂回族自治县彩虹印刷有限公司
经　　销：全国新华书店
开　　本：170mm×240mm　　印　张：17.5　　字　数：282千字
版　　次：2017年1月第1版　　印　次：2024年2月第16次印刷
定　　价：49.80元

产品编号：068787-01

前　言

写作驱动

时代的快速发展将活动策划带入一个兴盛的时期，只要思维发散的人，就能够策划出活动，但不一定能够通过活动策划实现自我价值，毕竟空有一身本领却不知道活动策划的规则与技巧是很难策划出一个好活动的。

无论是过去的十年，还是未来的十年，无论哪个行业、哪个领域，甚至无论是PC端还是移动端，无论是金融还是房地产，都不可能不需要活动。优质活动的商机无穷无尽，成为一个活动策划高手还何愁工作？拥有一个活动策划高手还何愁销量低迷、品牌口碑不好、企业知名度差？

本书是一本以策划活动为核心，以活动类型为根本出发点的专著，以图解的方式深度剖析活动策划的类型、特点、方法、诀窍、注意事项、运营策略及策划书要点，特别是结合了每一个与活动类型息息相关的环节内容，如众筹活动策划、团购活动策划、元宵节活动策划、情人节活动策划、线上促销活动策划、文化主题活动策划、企业员工娱乐活动策划、公益活动策划、新闻发布会策划、社团活动策划、微信朋友圈活动策划、线上微商活动策划、餐饮行业活动策划等，各个环节全面解析了总计20多种与活动类型相关的活动策划诀窍！

本书特色

本书主要特色：全面为主＋技巧称王。

（1）内容全面，通俗易懂，针对性强：本书体系完整，以品牌推广、人气打造、实战案例的形式进行，以策划活动为核心，以活动类型为根本出发点进行了14章专题内容的详解，包括走进——活动策划的世界、理清——活动策划的思路、熟知——活动策划的步骤、掌握——策划的核心内容、互联网活动策划、节假日活动策划、促销活动策划、会展活动策划、企业活动策划、公关活动策划、大学活动策划、微信活动策划、微商活动策划、行业活动策划，帮助读者彻底掌握活动策划的方法与技巧。

（2）突出实用，技巧称王，快速传播：本书在活动类型的各个环节全面解析了总计20多种与活动类型相关的案例,通过对这20多种活动类型策划的分析,提炼出专业策划技巧,再通过全图解的方式让读者快速掌握技巧,一步步指导写手快速策划出有说服力、容易传播的精品活动,以真实活动案例的形式,让读者轻松了解活动的实战效果。

本书内容主要是理论、技巧与案例相结合,从横向案例线和纵向技巧线两方面全面解析文案写作,让您轻松创造优秀文案,引爆文案力量!

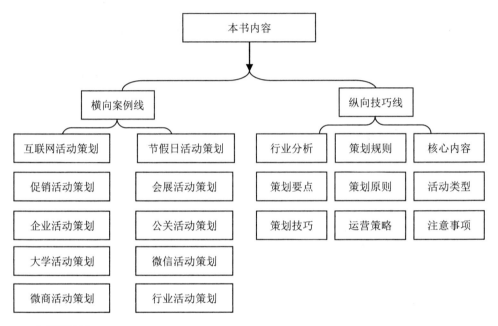

图解提示

本书是一本侧重活动策划实际应用的实战宝典,采取全图解的方式进行分析。图解能够方便读者对于重点的把握,让读者通过逻辑推理快速了解核心知识,节约大量的阅读时间。读者在阅读过程中需要注意图解的逻辑关系,根据图解的连接词充分理解图解想要表达的重点,获得更好的阅读感受。

适合人群

本书结构清晰、内容详实、语言简洁、图解特色鲜明,适合以下读者学习使用。

(1)目前电商行业的从业者,或者有意进入电商行业的创业者。本书提供关于互联网活动策划技巧、互联网策划类型、互联网活动策划方式等，提供实用性内容，能够更好地指导活动策划。

（2）微商领域的创业者及潜力无限的微商后备军群体。本书提供关于微商活动两个类型的策划技巧，从线上的活动引流、打感情牌、线上微商活动注意事项，到线下微商活动策划前需要做好的准备、线下微商活动开展类型、线下微商活动推广模式等，全方位挖掘微商活动策划的技巧与方法。

（3）公司活动策划工作人员。本书提供活动策划地点的选择、活动时间的选择、活动工作安排、活动预算、活动目的的选择、策划书要点、活动宣传等多方面的内容。一书在手，解决所有问题，尤其是对成功活动案例的解析，能够更好地让活动策划者了解实战效果。

（4）活动策划公司的管理者、专业的活动策划者、公关领域专家。本书提供有深度的活动策划形式解析、技巧运用，干货十足。通过全方位的内容剖析，帮助你在行业内如鱼得水，更进一步成为领域内的专业人士。

（5）企业活动策划部门的培训教材。本书提供文案写作的理论知识了解、活动策划书的各部分组成，以及对目前活动策划成功案例的分析，详解活动策划各类型的现状，切入时代需求的角度，更好地培养出专业的活动策划人才。

作者致谢

本书由苏海编著，参与编写的人员还有董婷、刘胜璋、刘向东、刘松昇、刘伟、卢博、周旭阳、袁淑敏、谭中阳、杨端阳、李四华、王力建、柏承能、刘桂花、柏松、谭贤、谭俊杰、徐茜、刘嫔、苏高、柏慧等人，在此表示感谢。由于作者知识水平有限，书中难免有错误和疏漏之处，恳请广大读者批评、指正。

目　　录

第 1 章　走进——活动策划的世界 1

- 1.1　探询：活动策划的类型 2
  - 1.1.1　盈利目的型 2
  - 1.1.2　宣传推广型 4
- 1.2　把握：活动策划的优势 5
  - 1.2.1　互动传播能力强 6
  - 1.2.2　受限制度比较小 6
  - 1.2.3　增加品牌知名度 6
  - 1.2.4　受众范围比较广 8
  - 1.2.5　成本较低成效好 9
- 1.3　深知：活动策划的作用 10
  - 1.3.1　调动受众参与性 10
  - 1.3.2　提高品牌曝光率 12
  - 1.3.3　开发受众连接性 14

第 2 章　理清——活动策划的思路 17

- 2.1　牢记：活动策划的要点 18
  - 2.1.1　要点一：策划活动总体方案 18
  - 2.1.2　要点二：掌握活动整体预算 19
  - 2.1.3　要点三：制订活动工作安排表 21
  - 2.1.4　要点四：确定活动具体流程 22
  - 2.1.5　要点五：获得活动举办评价 23
  - 2.1.6　要点六：备用活动紧急方案 26
- 2.2　遵守：活动策划的原则 26

		2.2.1	原则一：可进行操作	26
		2.2.2	原则二：体现创新性	27
		2.2.3	原则三：积极参与性	29
		2.2.4	原则四："草船借箭"	29
		2.2.5	原则五：吻合主题性	31
		2.2.6	原则六：精准针对性	31
		2.2.7	原则七：把握宣传性	32
	2.3	巧用：活动策划的理由		32
		2.3.1	理由一：以时间为主	32
		2.3.2	理由二：以热点为主	33
		2.3.3	理由三：以亮点为主	34
	2.4	探究：活动策划的规则		34
		2.4.1	规则一：只需一个主题	34
		2.4.2	规则二：直接说出利益	35
		2.4.3	规则三：考虑执行能力	35
		2.4.4	规则四：转化活动类型	35
	2.5	熟悉：策划书常见规范		35
		2.5.1	规范一：活动的名称	36
		2.5.2	规范二：活动的主题	36
		2.5.3	规范三：活动的开展	36
		2.5.4	规范四：活动的要求	36
	2.6	注意：活动策划的事项		37
		2.6.1	事项一：明确受众对象	37
		2.6.2	事项二：明确活动阶段	37
	2.7	明确：活动策划者的素质		38
		2.7.1	素质一：具有创新性思想	38
		2.7.2	素质二：具有强协调能力	38
		2.7.3	素质三：心理素质需强大	39

第3章　熟知——活动策划的步骤 ... **40**

　　3.1　第一步：明确活动目的 ... 41

3.1.1　众筹型活动 41
　　　3.1.2　促销型活动 43
　　　3.1.3　内部型活动 43
　3.2　第二步：清楚成本花费 44
　　　3.2.1　估算成本 44
　　　3.2.2　细算成本 45
　3.3　第三步：初步策划活动 47
　　　3.3.1　组织活动策划团队 47
　　　3.3.2　进行活动整体构思 47
　　　3.3.3　确定活动的类型 48
　　　3.3.4　计算整体策划时间 49
　3.4　第四步：明确活动细节 49
　　　3.4.1　预留时间 49
　　　3.4.2　客人主次 50
　　　3.4.3　人员调配 51

第4章　掌握——策划的核心内容 52

　4.1　选择合适的时间 53
　　　4.1.1　时间的作用 53
　　　4.1.2　时间的阶段 53
　　　4.1.3　考虑的因素 54
　4.2　选择合适的地点 55
　　　4.2.1　地点的作用 56
　　　4.2.2　考虑的因素 56
　4.3　选择合适的宣传 59
　　　4.3.1　宣传的作用 59
　　　4.3.2　考虑的因素 60
　　　4.3.3　宣传的方式 61
　4.4　制订合适的流程 64
　　　4.4.1　制订的要点 64

活动策划实战宝典：品牌推广 + 人气打造 + 实战案例

4.4.2 制订的要素..................................66

第 5 章　互联网活动策划..................................**68**

5.1　众筹活动策划..................................69

5.1.1　众筹活动成功的诀窍..................................69
5.1.2　策划众筹活动的方法..................................72
5.1.3　利用情怀来吸引受众..................................73
5.1.4　【实战案例】"认领蓝莓当地主"
　　　　众筹项目策划书..................................74

5.2　团购活动策划..................................77

5.2.1　知晓团购活动的特点..................................77
5.2.2　策划团购成功的技巧..................................78
5.2.3　团购活动产品的描述..................................81
5.2.4　【实战案例】"某口味馆"
　　　　团购活动策划书..................................82

第 6 章　节假日活动策划..................................**90**

6.1　元宵节活动策划..................................91

6.1.1　元宵节活动成功的诀窍..................................91
6.1.2　元宵节活动地点的选择..................................92
6.1.3　元宵灯谜是活动的重点..................................93
6.1.4　【实战案例】"张灯结彩"
　　　　元宵节活动策划书..................................94

6.2　情人节活动策划..................................99

6.2.1　情人节活动成功的诀窍..................................99
6.2.2　策划时需要思考的问题..................................100
6.2.3　控制活动的整体节奏..................................101
6.2.4　【实战案例】"丘比特之箭"
　　　　情人节活动策划书..................................102

第 7 章　促销活动策划 108

7.1 线上促销活动策划 109
- 7.1.1 线上促销活动成功的诀窍 109
- 7.1.2 线上促销活动推广的方式 109
- 7.1.3 选择线上促销活动的时机 114
- 7.1.4 【实战案例】"天猫女王节"线上促销活动策划书 115

7.2 线下促销活动策划 122
- 7.2.1 线下促销活动成功的诀窍 122
- 7.2.2 线下促销活动运营的策略 123
- 7.2.3 线下促销活动常见的方式 123
- 7.2.4 【实战案例】"你扫满我就送"线下促销活动策划书 125

第 8 章　会展活动策划 129

8.1 文化主题活动策划 130
- 8.1.1 文化主题活动成功的诀窍 130
- 8.1.2 文化主题活动的类型 132
- 8.1.3 文化主题活动的注意事项 133
- 8.1.4 【实战案例】茶文化主题活动策划书 134

8.2 展览主题活动策划 139
- 8.2.1 展览主题活动成功的诀窍 140
- 8.2.2 展览主题活动需要市场调研 140
- 8.2.3 展览主题活动地点的选择 141
- 8.2.4 【实战案例】国际汽车展览活动策划书 142

第 9 章　企业活动策划 146

9.1 企业会议活动策划 147

	9.1.1	企业会议活动成功的诀窍 147
	9.1.2	企业会议活动的种类 148
	9.1.3	企业会议活动的策划要点 149
	9.1.4	【实战案例】2016年上半年公司总业绩报告会策划书 150
9.2	企业员工娱乐活动策划 154	
	9.2.1	企业员工娱乐活动成功的诀窍 154
	9.2.2	企业员工娱乐活动的种类 156
	9.2.3	企业员工娱乐活动的注意事项 157
	9.2.4	【实战案例】员工娱乐活动策划书 157

第10章 公关活动策划 163

10.1	公益活动策划 164	
	10.1.1	公益活动成功的诀窍 164
	10.1.2	公益活动的种类 165
	10.1.3	公益活动传播很重要 166
	10.1.4	【实战案例】"春蕾午餐"公益活动策划书 168
10.2	新闻发布会策划 174	
	10.2.1	新闻发布会策划成功的诀窍 174
	10.2.2	新闻发布会的特点 175
	10.2.3	新闻发布会活动的注意事项 176
	10.2.4	【实战案例】新品新闻发布会策划书 176

第11章 大学活动策划 183

11.1	社团活动策划 184	
	11.1.1	社团活动成功的诀窍 184
	11.1.2	社团活动的种类 185
	11.1.3	社团活动需要创意 185

　　　　11.1.4 【实战案例】"K歌之王"社团活动
　　　　　　　策划书 186
　　11.2 班级活动策划 192
　　　　11.2.1 班级活动成功的诀窍 192
　　　　11.2.2 策划班级活动的意义 192
　　　　11.2.3 班级活动的注意事项 193
　　　　11.2.4 【实战案例】"春意袭来情谊递增"
　　　　　　　活动策划书 193

第 12 章　微信活动策划 197

　　12.1 微信朋友圈活动策划 198
　　　　12.1.1 微信朋友圈活动成功的诀窍 198
　　　　12.1.2 微信朋友圈活动的类型 199
　　　　12.1.3 微信朋友圈活动的注意事项 203
　　　　12.1.4 【实战案例】"芝士肋排积赞"
　　　　　　　活动策划书 205
　　12.2 微信公众号活动策划 211
　　　　12.2.1 微信公众号活动成功的诀窍 211
　　　　12.2.2 微信公众号活动的推送时间 215
　　　　12.2.3 微信公众号活动的注意事项 216
　　　　12.2.4 【实战案例】免费体验手机副号
　　　　　　　活动策划书 219

第 13 章　微商活动策划 224

　　13.1 线上微商活动策划 225
　　　　13.1.1 线上微商活动成功的诀窍 225
　　　　13.1.2 线上微商活动需打情感牌 226
　　　　13.1.3 线上微商活动的注意事项 229
　　　　13.1.4 【实战案例】出售辣条活动策划书 ... 229
　　13.2 线下微商活动策划 232

- 13.2.1 线下微商活动成功的诀窍 232
- 13.2.2 线下微商活动的类型 232
- 13.2.3 线下微商活动的推广模式 233
- 13.2.4 【实战案例】扫描二维码就送礼活动策划书 235

第 14 章 行业活动策划 238

- 14.1 餐饮行业活动策划 239
  - 14.1.1 让口碑成为餐饮活动的宗旨 239
  - 14.1.2 从自我分析再进行活动也不迟 240
  - 14.1.3 活动不盲目有策略即可成大事 241
  - 14.1.4 【实战案例】"Hi游戏 今天你挑战了吗？"活动策划书 241
- 14.2 美容行业活动策划 248
  - 14.2.1 明确活动目标才是王道 248
  - 14.2.2 活动形式围绕促销而为 249
  - 14.2.3 美容行业活动宣传方式 249
  - 14.2.4 【实战案例】18周年庆活动策划书 252
- 14.3 游戏行业活动策划 255
  - 14.3.1 挖掘游戏玩家需求 255
  - 14.3.2 让活动融入到游戏 258
  - 14.3.3 游戏活动的宣传方式 259
  - 14.3.4 【实战案例】联盟战斗的召唤活动策划书 261

第1章

走进——活动策划的世界

学前提示

对于企业来说，不管是对外营销方面还是内部活动方面，活动策划是一个绕不过去的话题，一场精心策划的活动能进一步拉近企业与员工之间的感情。

总的来说，活动策划是营销、管理等方面人才所需要具备的"挖金手段"。

要点展示

探询：活动策划的类型
把握：活动策划的优势
深知：活动策划的作用

1.1 探询：活动策划的类型

所谓的活动策划，其实就是一种市场策划案，它隶属于文案，但与文案之间存在一定的区别：文案仅限于文字的表达，而活动策划是一种为活动而进行的文字策划案，除了用文字表现之外，还需要在实际生活中进行兑现、实操。

一个好的活动策划，可以进行品牌推广、提高企业声誉，更是提高市场占有率的有效行为。一般来说，活动策划大致能分为两类：盈利目的型、宣传推广型。

1.1.1 盈利目的型

不管企业进行哪种营销活动，其目的一律以盈利为主，由此，盈利目的型活动策划被不少企业所重视。所谓盈利目的型活动策划的目的并不单一，它具有主次分明的目的，只要运用得当定能引起消费者的关注，勾起消费者的购买欲望。如图 1-1 所示为盈利目的型活动策划的概念。

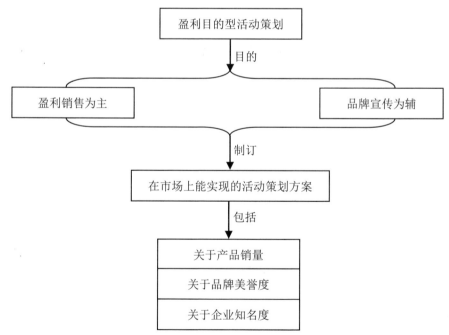

■ 图 1-1　盈利目的型活动策划概念

活动策划者在进行盈利目的型活动策划的操作时,应以大众所感兴趣、所关注的事物为主题,从侧面突出企业产品或品牌,这样能大大地提高企业产品的知名度和美誉度。

例如,某品牌凉茶在商场外推出"参与保龄球"活动,即可免费获得该品牌凉茶,当时不少逛商场的消费者积极参与了活动。这样的活动以游戏为主题,产品为奖品,能大大地受到人们的关注,既能提高产品曝光率,又能勾起消费者对产品的购买欲望。

一般来说,活动策划者进行以下步骤,即可有效实现盈利目的型活动策划,如图1-2所示。

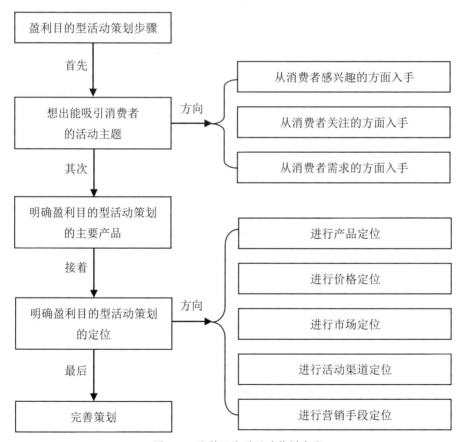

■ 图1-2 盈利目的型活动策划步骤

1.1.2 宣传推广型

在生活中会有一部分的企业比较注重品牌宣传与推广，于是就会选择宣传推广型活动策划进行操作，进一步扩大企业品牌宣传力。如图 1-3 所示为宣传推广型活动策划的概念。

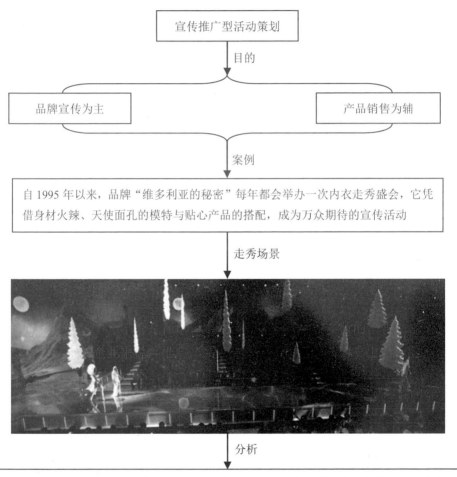

■ 图 1-3 宣传推广型活动策划概念

一般来说，常用的宣传推广型活动策划形式，如图1-4所示。

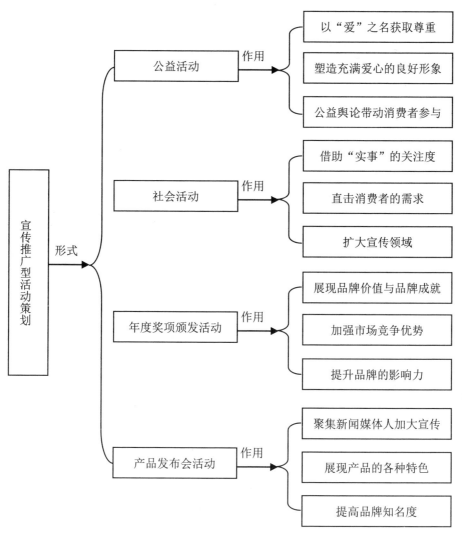

■ 图1-4　常用的宣传推广型活动策划形式

1.2　把握：活动策划的优势

企业在选择营销方式、推广手段的过程中，一般都需要了解营销方式或推广手段各自的优势,并挑选出对自身产品最有利的方式或手段,这样企业在产品推广、销售的过程中才不会走太多弯路。下面就来了解活动策划的优势。

1.2.1 互动传播能力强

企业之所以会进行活动策划,是因为它具有三大特点,大大加强了互动传播能力,如图1-5所示。

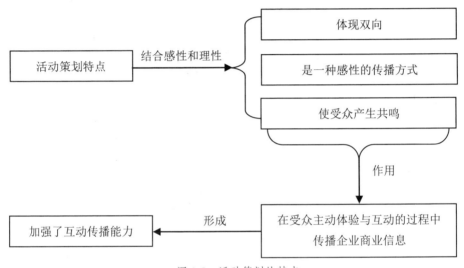

■ 图1-5 活动策划的特点

企业若想在活动策划中实现信息的传播,必须要抓住"体验点"设计活动策划,其目的就是让受众在活动中能有一个难忘的、喜欢的体验,这既能提高受众的参与度又能在受众的体验过程中巧妙地将企业商业信息传递给受众。

1.2.2 受限制度比较小

活动策划在很大程度上受一些常见因素的限制较小,如图1-6所示。

1.2.3 增加品牌知名度

活动策划一般来说都是围绕一个特定主题开展的,如图1-7所示为开展活动主题的作用。

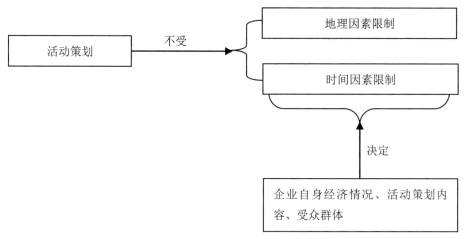

■ 图1-6 活动策划不受常见限制

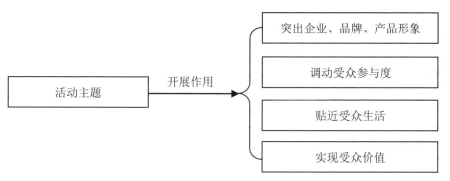

■ 图1-7 开展活动主题的作用

活动主题之所以有这些作用,都是为了在受众心中增加品牌知名度做铺垫,若能让受众积极参与活动中,既能让受众在精神层面上感到满足,又能让受众在生活层面上获得娱乐,这样对企业的公关效应有特别好的作用。

例如,某饮料企业就是一个经典例子,它就是在微博、微信等载体上多次策划活动,吸引受众的注意力,通过这样的方式成为人们耳熟能详的饮料品牌,如图1-8所示为某台词瓶子分享活动。

又如,OPPO在微博上发布"转发微博就送钟汉良演唱会门票"的活动,在当时的转发量就有6 190条,这就说明此次活动策划效果是不错的,被人们主动传播了6 190次,并且抓住了粉丝心理,以送明星演唱会票来获取明星粉丝的好感,能大大增加品牌的知名度，如图1-9所示。

■ 图1-8　某台词瓶子分享活动

■ 图1-9　OPPO"转发微博就送钟汉良演唱会门票"的活动

1.2.4 受众范围比较广

一般来说，活动策划的受众范围比较广。当然，企业在进行活动策划的过程中，还是需要以自己用户群体的需求、特点进行策划工作，这样策划出来的活动才不会出现"冷场"的情况。

在活动开展的过程中，只要活动足够吸引人，那么企业产品的潜在用户、之前对企业产品不感兴趣的用户也会愿意主动参与活动中去，在无形之中，又为企业扩大了用户群体范围。

例如，某手机邀请某明星在自家门店与粉丝交流对某手机的体验感，以及演示手机的各个功能，使经过某手机门店的路人纷纷上前观望。这样的一个活动就是利用了明星的名气来吸引明星粉丝，对明星感兴趣的路人，以及喜欢凑热闹的人群。如图 1-10 所示为某明星在 HTC 门店宣传的活动。

■ 图 1-10　某明星在 HTC 门店宣传的活动

1.2.5　成本较低成效好

不管是在电视上还是网络上，绝大多数的广告费都是高昂的，对于那些小型企业来说，推广产品的广告费是一笔较大的支出，如图 1-11 所示。

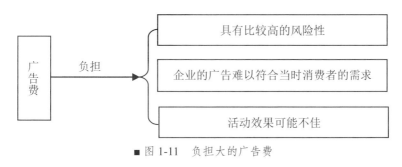

■ 图 1-11　负担大的广告费

相对来说，以活动的方式进行产品推广的成本比较低，其效果也更加明显，在活动中企业受益程度也要比"冰冷"的广告强几十倍。如图1-12所示为企业和受众在活动中能获得的好处。

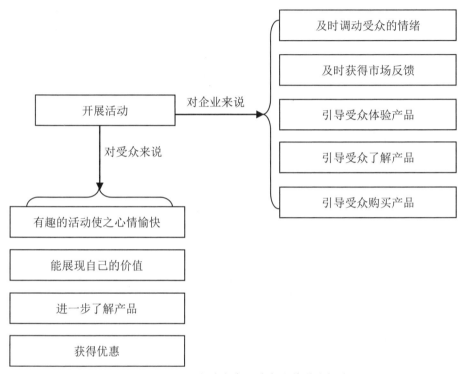

■ 图1-12 企业和受众在活动中能获得的好处

1.3 深知：活动策划的作用

活动策划的存在并不是凭空出现的，它之所以被各大企业所看重，那是因为它能有效提升企业品牌在消费者心中的美誉度。下面就来进一步了解活动策划的作用。

1.3.1 调动受众参与性

一个好的活动策划能大大地调动受众的参与性，只有受众愿意参与活动，才能达到企业通过活动的方式向受众传播商业信息的目的。

例如，支付宝与2016年春节联手共同推出"咻一咻集齐5福，平分2亿红包"的活动，就大大地调动了消费者参与性，其活动介绍如图1-13所示。

> 除此之外，春晚与支付宝还增加了一个堪比"大乐透"的玩法——在特定时间前，在支付宝内集齐5张福卡，就可以参加分享一个超过2亿元的超大红包。需要注意的是，参与活动的用户需要将支付宝升级到9.5最新版本。
>
> 据支付宝与央视春晚透露，今年将有几轮的亿元现金红包，每轮1亿元，大家一起拼手气抢红包，获得随机金额的现金红包。而且，用户在咻红包的同时，还有可能咻到福卡。在除夕当晚的24：00之前，只要集齐5张福卡，就一定可以分享一个最大金额的超级红包，总金额超过2亿元。例如，如果有100万人集齐5张福卡，那么每人至少可以分到200元。

> 用户怎样才能集齐五福，拿到2亿元红包的钥匙呢？支付宝方面透露，一共有三种途径可以拿到福卡，一种是在除夕当晚，看春晚的时候咻一咻，有可能咻到福卡；一种是与自己的好友分享互换，用户可以向好友讨福卡，拿到福卡的用户也可以主动送给自己的好友。还有一种方法属于特别福利——从1月28日开始，用户只要在支付宝内新添加10名好友，即可获赠3张福卡。
>
> 今年红包能够如此"土豪"的原因，是众多品牌商加入支付宝与春晚的互动平台，一起给全国人民送出现金红包与祝福，这些品牌商的参与金额从1000万元到5000万元不等。

■ 图1-13　"咻一咻集齐5福，平分2亿红包"活动介绍

支付宝的这次活动，让支付宝产生了"11亿对好友关系链"，也为不少企业、商家提供了巨大的用户链。在春节联欢晚会期间，全国6.9亿观众守候收看，其中支付宝"咻一咻"的次数达到了3 245亿次，且在21:09"咻一咻"峰值达到了210亿次/分钟，如图1-14所示。

■ 图1-14　在春晚期间"咻一咻"次数

在春节联欢晚会"咻一咻集齐5福，平分2亿红包"活动结束后，共有791 405人集齐了富强福、和谐福、友善福、爱国福、敬业福，最终每人平均分得271.66元，如图1-15所示。

■ 图1-15　"咻一咻"活动结果

1.3.2 提高品牌曝光率

对企业来说，一个好的活动策划就是一个提高企业品牌曝光率的有效渠道。当消费者积极参与活动，就会对活动中出现的所有因素产生"自主注意"意识，届时，企业在活动中注入的商业信息，也不会让消费者产生厌恶的感觉，他们反而更愿意接受，这样的活动策划大大提高了商业信息或品牌的曝光率。

例如，支付宝与45家品牌商家联合推出"咻一咻"送红包的活动，也大受人们的关注。

> **专家提醒**
>
> 人们对于自己能受益的活动都是非常上心的，这种"爱占便宜"的心理并不是扭曲的，它是一种参与情怀，是一种人们在闲暇时光能娱乐心情的因素。由此，支付宝与45家品牌商家联合推出"咻一咻"送红包的活动，才会被人们所关注着。

在活动的过程中，用户只要在支付宝"咻一咻"上咻到了红包，就能看到商家赠送的红包，且配上祝福，这样的方式既能使获得者提升对商家的好感，又能促使获得者使用这些红包去消费。如图 1-16 所示为在支付宝"咻一咻"上的商家红包。

■ 图 1-16　在支付宝"咻一咻"上的商家红包

在活动中，共有 160 多万人参与了众安保险的新春抢福袋活动，通过这次活动众安保险能获得如图 1-17 所示的收获。

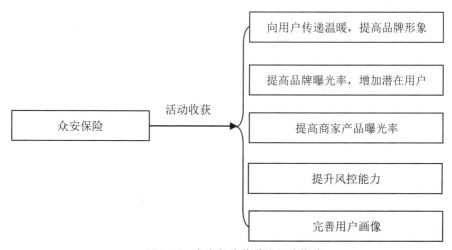

■ 图 1-17　众安保险获得的活动收获

1.3.3 开发受众连接性

一个好的活动策划,并不只是对企业有好处,对于参与活动的受众来说也是益处多多,最大的好处在于能开发受众之间的连接性,如图 1-18 所示。

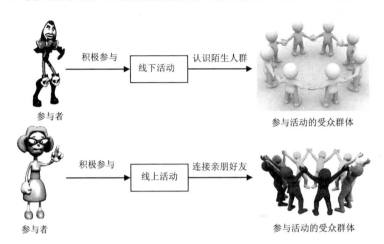

■ 图 1-18　活动开发受众之间的连接性

> **专家提醒**
>
> 通过图 1-18 可以看到,活动策划还可以分为以下两种类型。
> - 线上活动:以互联网为基础,从 PC 端与移动端入手,打破空间、时间的限制,让参与者以活动为桥梁,来连接远在他方的朋友、亲人,进一步增添人与人之间的感情、联系。
> - 线下活动:以实际生活为基础,从室外互动入手,打破人与人之间的陌生感,让参与者在活动中放开芥蒂,与不熟悉的人一起欢乐、一起笑,增加自己的人际关系。

通过图 1-18 可以看到,人们可以通过活动与自己的亲朋好友连接在一起,一起分享活动的快乐,也可以在活动中结交新的朋友。活动就成为人与人之间加深感情的桥梁。

例如,在支付宝"咻一咻"活动中的受众连接性非常突出:

- 人们可以在支付宝中首次添加 10 名好友,从而得到 3 张福卡,且用户与用户之间可以相互交换多余的福卡。这一设计可以让用户主动将自己的朋友引进到支付宝中,也能维护用户与用户之间的感情,如图 1-19 所示为用户之间交换福卡。

■ 图 1-19　用户之间交换福卡

- 用户在"咻一咻"中,咻中的红包可以分享给自己的支付宝好友,让好友共同享受好运气,如图 1-20 所示为用户之间分享"咻一咻"红包。

■ 图 1-20　用户之间分享"咻一咻"红包

- 在支付宝"咻一咻"的活动中,有30%的用户愿意将自己的福卡转送给自己的家人,这就说明活动参与者在活动中也能维护到自己的亲情,如图1-21所示。

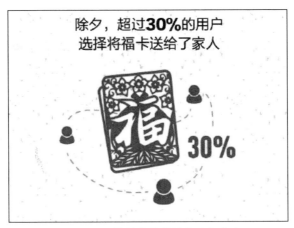

■ 图1-21 将福卡传递给自己的家人

- 也因为福卡和红包可以进行分享,于是就出现了用户打破空间限制与自己家人连接在一起的情况,将自己收到的好"福气"、好"运气"通过支付宝分享给自己的家人,如图1-22所示为传递距离最远的福卡。

■ 图1-22 传递距离最远的福卡

第 2 章

理清——活动策划的思路

学前提示

企业在进行活动策划的过程中,千万不要毫无头绪、凭感觉来策划活动,这样策划出来的活动,有效性是非常低的。

由此,本章将讲述活动策划时的思路,让活动策划者在策划活动的过程中少走一些弯路。

要点展示

牢记:活动策划的要点
遵守:活动策划的原则
巧用:活动策划的理由
探究:活动策划的规则
熟悉:策划书常见规范
注意:活动策划的事项
明确:活动策划者的素质

2.1 牢记：活动策划的要点

活动之所以要策划，是为了让活动变得有意义、能为企业达到某些目的。活动从开展到结束，这个过程中的人员配备、活动地点、活动宣传等方面都是需要一定成本的，若企业不进行一番好的策划就开展活动，那么很有可能出现活动成本的增加、活动效果不明显等不利状况的发生，到时企业可真谓是"赔了夫人又折兵"。

由此，企业需要牢记活动策划的要点，根据要点来进行活动的策划工作，下面就来了解活动策划的要点。

2.1.1 要点一：策划活动总体方案

企业在进行活动策划之前，需要将活动总体方案简单策划出来，形成一个大体的活动雏形，为后续工作提供有效方向。

一般来说，在活动总体方案中至少要列出七个事项，如图2-1所示。

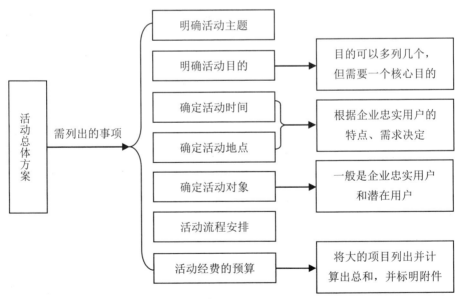

■ 图2-1 活动总体方案中需要列出的事项

在进行活动策划之前，活动总体方案无须太过详细，不要花太多的时间在策划活动前的准备上，只需满足三个要求即可，如图2-2所示。

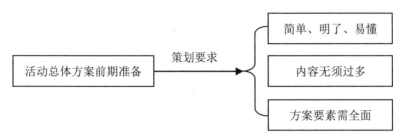

■ 图2-2　活动总体方案前期准备的策划要求

活动策划前期的活动总方案之所以无须做得很详细，是因为企业需要根据市场的变化、消费者购买习惯的变化、用户需求的变化等不可控制的因素，进行活动方案的调整，有利于企业推出受用户欢迎的、有趣的、有效的活动。

2.1.2　要点二：掌握活动整体预算

对于活动策划者来说，需要将活动的经费去向罗列清楚，只有这样才能把控好活动经费的支出情况，也能让企业管理者快速了解活动经费的去向，从而放心地将活动经费交给活动策划者。

活动策划者需要根据活动类型、活动项目、企业具体情况来制作真实、合理、详细的活动整体预算表，例如，需要为产品举办新品发布会活动，其整体预算表如表2-1所示。

表2-1　活动整体预算表

活　动　名　称	某产品新片发布会		
活　动　主　题	将某新产品正式向外推广		
用　　　途	项　　　目	单　　　价	数　　　量	总　　　价
前期推广	在某电视节目上投放广告	45 000元/天	7天	315 000元
	制作传单	1元/张	10 000张	10 000元
	制作邀请卡	2元/张	100张	200元

续表

用　　途	项　　目	单　价	数　量	总　价
场地租借	某酒店大厅	24 000 元/天	1 天	24 000 元
设备租借	椅子	5 元/张	200 张	1 000 元
	摄影设备	3 000 元/台	3 台	9 000 元
	投影机	5 000 元/个	1 个	5 000 元
	桌子	10 元/个	10 张	100 元
	音响	400 元/个	4 个	800 元
	话筒	5 元/个	4 个	20 元
食物	水	48 元/箱	10 箱	480 元
发布会上的节目	礼仪小姐走秀	400 元/人	10 人	4 000 元
	专业串场节目	1 000 元/次	3 次	3 000 元
临时雇用劳务费	签到人员	100 元/人	4 人	400 元
	摄影师	300 元/人	3 人	900 元
	主持人	400 元/人	1 人	400 元
	保安	100 元/人	10 人	1 000 元
	场地布置人员	200 元/人	15 人	3 000 元
不可预计花费				9 700 元
总计				388 000 元

活动策划者在制作活动整体预算表时，需要秉着四个原则进行，如图 2-3 所示。

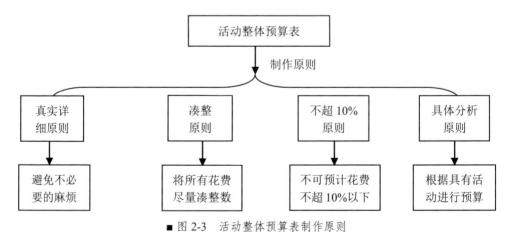

■ 图 2-3　活动整体预算表制作原则

> **专家提醒**
>
> 不可预计花费在活动整体预算表中是必须要有的,因为策划者在策划活动的过程中并不能保证在实际运用中与策划时完全相符,多少都会有一些变动,由此,不可预计花费对策划者而言是一种"应对突然事故"的方案,且在凑整原则中,不可预计花费发挥了重要的作用。

2.1.3 要点三:制订活动工作安排表

制订活动工作安排表也是活动策划者所需要关注的问题,更是活动策划不可缺少的一环。活动策划者需要将工作落实到三个部分,如图2-4所示。

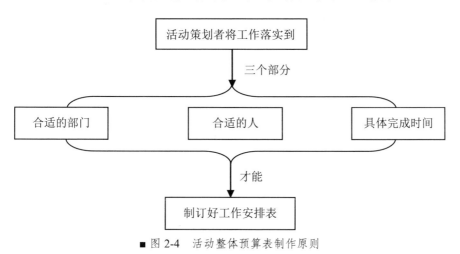

■ 图2-4 活动整体预算表制作原则

> **专家提醒**
>
> 活动策划者在进行工作安排时,需要细分工作表,严谨地将工作分配到合适的部门,且制订好合理的、具体的完成时间。

一般来说,活动工作安排表需要包括两个部分,如图2-5所示。

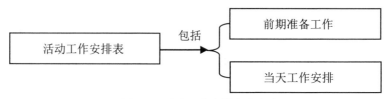

■ 图 2-5 活动工作安排表的内容

还是以举办新品发布会活动为例,其活动工作安排表如表 2-2 所示。

表 2-2 活动工作安排表

活动名称	某产品新片发布会		
活动主题	将某新产品正式向外推广		
活动开始时间	2016 年 6 月 13 日下午 13:30		
用　　途	分配部门	时　　间	日　　　期
确定会场	人事部门	5 天	2016 年 4 月 13 日—2016 年 4 月 17 日
会场购买使用物料	采购部门	两星期	2016 年 4 月 18 日—2016 年 5 月 1 日
发送邀请函	人事部门	一星期	2016 年 5 月 2 日—2016 年 5 月 8 日
会场设计	设计部门	两星期	2016 年 4 月 18—2016 年 5 月 1 日
会场布置	设计部门	三星期	2016 年 5 月 2 日—2016 年 5 月 22 日
检查会场	审检部门	三星期	2016 年 5 月 23 日—2016 年 6 月 13 日 12 点
临时雇用人才	人事部门	两星期	2016 年 5 月 18 日—2016 年 5 月 31 日
宣传广告	产品宣传部	一星期	2016 年 6 月 6 日—2016 年 6 月 12 日

活动策划者在进行工作安排时,最好将时间安排到分钟,越精确越好,这样可以缓解工作落实慢的情况,避免活动当天出现突发状况。

2.1.4 要点四：确定活动具体流程

在活动策划中活动具体流程表也是一个重要要点,活动策划人需要将活动当天的流程安排到位,将它一一列举出来,让领导、操作人员知道活动的整体流程,这样的话,活动才会更加严谨,更加容易举办成功。

依然以新品发布会为例,来大致了解活动具体流程表,如表 2-3 所示。

表 2-3 活动具体流程表

活 动 名 称	某产品新片发布会	
活 动 主 题	将某新产品正式向外推广	
活动开始时间	2016 年 6 月 13 日下午 13:30	
事 件	时 间	具 体 描 述
签到	2016 年 6 月 13 日 13:30—2016 年 6 月 13 日 14:00	记录参会媒体
主持开场白	2016 年 6 月 13 日 14:30	主持人上台 + 轻音乐
节目	2016 年 6 月 13 日 14:45	小型音乐会
介绍产品	2016 年 6 月 13 日 13:15—14:30	介绍新产品的新能、生产背景等内容
主持人谢幕	2016 年 6 月 13 日 14:40	发布会全部结束
发布会结束	2016 年 6 月 13 日 14:40	发布会全部结束

活动具体流程表需要根据活动内容进行合理制订,不要套模板,应做出一个与众不同的流程,且各个流程之间的时间一定要精确,将整个活动连接起来。

2.1.5 要点五:获得活动举办评价

活动结束之后,最好是制作一个评估调查问卷,向员工、参与活动的媒体投放,了解他们对活动的满意度,以便为以后的活动策划提供思路。

活动策划者在制作评估调查问卷时,需要明确以下两个内容。
- 评估的目的。
- 评估的内容。

活动策划者需要根据评估目的来展开评估内容的制订,常见的就是对整个活动进行评估,找出活动整体开展过程中的优缺点,积累经验,这样以后的活动将会更加完善。

一般来说，活动策划者可以针对四个方面进行评估，如图2-6所示。

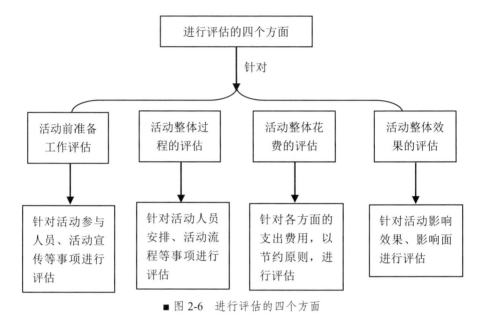

■ 图2-6　进行评估的四个方面

以某新品发布会为例，针对活动整体效果以制作一个简单的评估调查问卷来进行评估，其中评估调查问卷可以从四个方面进行调查，如图2-7所示。

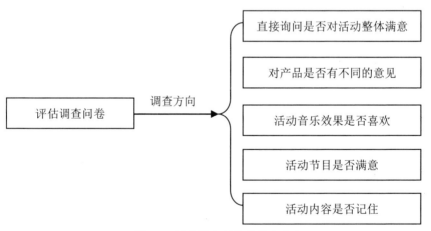

■ 图2-7　评估调查问卷的调查方向

下面就来看针对活动整体效果的评估调查问卷模板，如图2-8所示。

某新产品发布会活动评估调查问卷
此栏写致谢言以及调查问卷的目的

1. 您对此次活动满意吗？　　　（　　）

    A．很满意　　B．满意　　C．一般　　D．不满意

    原因：_____

2. 您喜欢活动的音乐效果吗？　　（　　）

    A．很喜欢　　B．喜欢　　C．一般　　D．不喜欢

    原因：_____

3. 您喜欢该产品的产品介绍吗？　（　　）

    A．很喜欢　　B．喜欢　　C．一般　　D．不喜欢

    原因：_____

4. 您愿意购买该产品吗？　　　　（　　）

    A．愿意　　B．不愿意　　C．一般

    原因：_____

■ 图 2-8　评估调查问卷模板

专家提醒

值得注意的是，评估调查问卷中的内容不要太长，尽量简短，且评估调查问卷需要根据活动内容来制订问题。

2.1.6 要点六：备用活动紧急方案

活动策划出来的总方案至少会在活动开展前的1个月开始策划，由于无法预测活动当天会发生的事情，所以活动策划者需要做出一份备用活动紧急方案，来应对变化带来的难题。

一般来说，备用活动紧急方案与活动总方案大致相同，只是为了一些不可控制的因素而制订的方案。

例如，总方案的活动场地是在室外，可能活动当天会下雨，则可在备份方案中将活动场地改成室内或者是在室外加一个雨棚；有可能在活动当天遇到情绪比较激烈的受众，需要有应对的话术，或者聘用保安维护现场安全等。

2.2 遵守：活动策划的原则

活动策划者在进行活动策划工作时，一定要以可进行操作原则为基础，才能策划出一个好的活动。

2.2.1 原则一：可进行操作

所谓可进行操作原则是指策划者所策划出来的活动方案，必须具有六种特点，如图2-9所示。

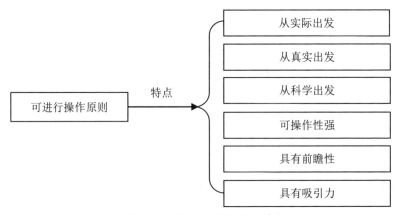

■ 图2-9 可进行操作原则的特点

> **专家批注**
>
> 可进行操作原则的六个特点若是能体现在一个活动中,那么此活动在一定程度上能够达到并符合活动的预期目标和效果。

一般来说,确定一份活动策划是否具有可进行操作原则,应该从三个方面进行分析,如图2-10所示。

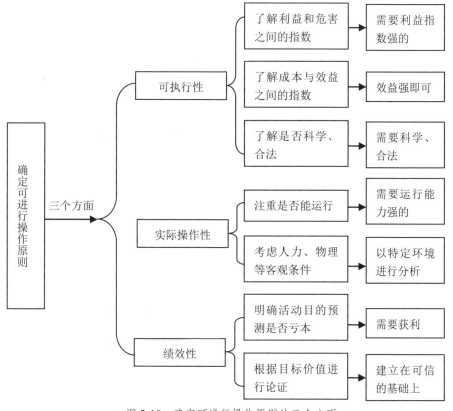

■ 图2-10 确定可进行操作原则的三个方面

2.2.2 原则二:体现创新性

如今,企业利用活动进行营销活动已经是一种司空见惯的手段了。由此,活动策划者需要遵循体现创新性原则，在活动中嵌入一些能让人们感到新意十足的内容，可以大大增加活动对人们的吸引力。

那么到底什么是体现创新性原则，如图 2-11 所示。

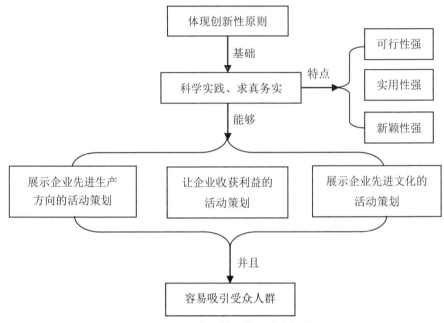

■ 图 2-11　体现创新性原则的概念

值得注意的是，活动策划中的创新指的绝对不是标新立异、胡乱策划，还是需要遵循三个要点，如图 2-12 所示。

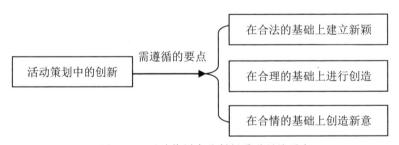

■ 图 2-12　活动策划中的创新需遵循的要点

活动策划者在遵循体现创新性原则的同时，需要注意三个事项，如图 2-13 所示。

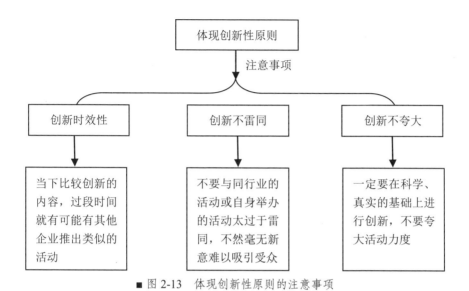

■ 图 2-13　体现创新性原则的注意事项

2.2.3　原则三：积极参与性

所谓积极参与性原则是指活动策划者在进行活动策划的过程中，需要将强参与性嵌入活动中，让受众积极参与活动，这样既能调动受众的情绪、聚焦人气，又能拉近受众与企业品牌之间的距离。

那么该如何策划出一个遵循积极参与性原则的活动策划呢？如图 2-14 所示。

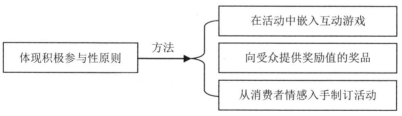

■ 图 2-14　体现积极参与性原则的方法

2.2.4　原则四："草船借箭"

所谓的"草船借箭"原则是指借助热点时事为核心，作为策划活动的思路。活动策划者可以从三个方面实现"草船借箭"原则，如图 2-15 所示。

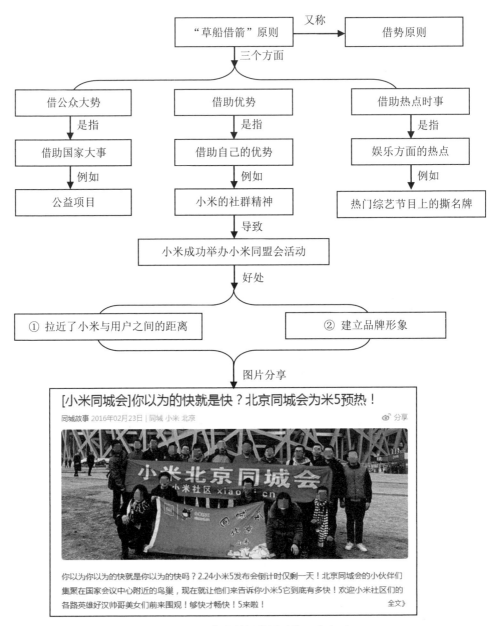

■ 图 2-15 体现创新性原则的三个方面

2.2.5 原则五：吻合主题性

所谓的吻合主题性原则是指策划出来的活动需要与主题吻合，千万不要脱离了主题范围，不然策划出来的活动毫无可进行操作意义。除此之外，活动中的所有节目气氛都需要与设定的主题相符，不然很容易脱离主题。

例如，举办一场新产品发布会活动，若在活动中加入太过搞笑类的节目，则与主题气氛不相符合，很容易偏离主题，届时受众可能只会记住搞笑节目的笑点，而不会是新产品的产品优点、性能等方面。

2.2.6 原则六：精准针对性

所谓精准针对性原则是指活动策划者在进行活动策划的过程中，需要明确内容策划方向、策划定位以及具体目的，根据这些因素进行精准的、有针对性的策划，这样策划出来的活动才更具有可操作性。

一般来说，活动策划者在进行活动策划工作的过程中，针对三个因素即可实现精准针对性原则，如图2-16所示。

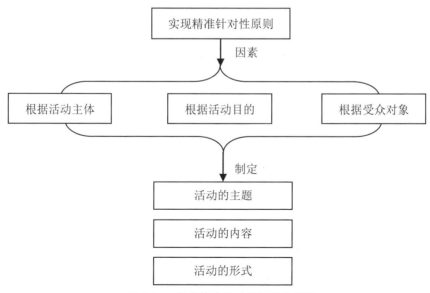

■ 图2-16 实现精准针对性原则的因素

2.2.7 原则七：把握宣传性

活动策划者不单单将活动策划方案拟好就可以了，还需要考虑活动宣传这一环节，一个好的活动策划，还是需要一个好的活动宣传来"号召"受众才有用。不然会出现"空有一身好本领却无用武之地"的状况。

由此，活动策划的原则中才会有把握宣传性原则的出现。活动策划者可以从三个方面来进行活动宣传的把握，如图2-17所示。

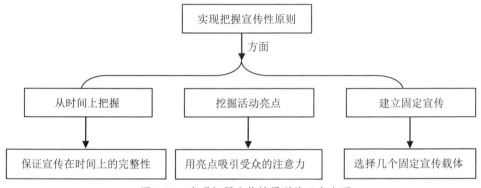

■ 图2-17 实现把握宣传性原则的三个方面

2.3 巧用：活动策划的理由

活动策划者在进行活动策划的过程中，可以以活动理由作为活动策划的推动力，这样可以大大增加活动的信服力。

2.3.1 理由一：以时间为主

不管是在现实生活中，还是在互联网上，以时间为理由的活动策划是非常常见的活动素材。例如，天猫的"双十一"活动，就是以一个固定时间"每年11月11日"来进行促销活动，且活动力度是消费者所期待的，由此才会出现单日912亿元销售额的创举，如图2-18所示为某天猫店铺的"双十一"活动宣传广告。

■ 图 2-18　天猫"双十一"活动宣传广告

活动策划中所指的时间，并不单指日期而已，还可从两个方面出发，如图 2-19 所示。

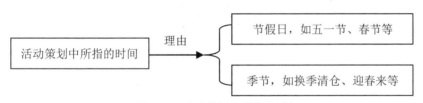

■ 图 2-19　活动策划中所指的时间

2.3.2　理由二：以热点为主

实时热点是人们最为关注的话题，活动策划者可以借助它们的"热势"，来让自己的活动更加容易地受人们的欢迎。那么，哪些实时热点是可以作为活动策划的素材呢？可以从三点入手，如图 2-20 所示。

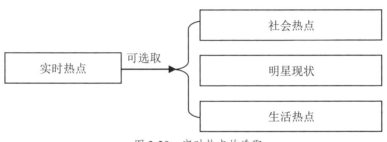

■ 图 2-20　实时热点的选取

2.3.3 理由三：以亮点为主

活动策划者还可以产品的亮点作为策划活动的素材，来吸引受众的注意力，在现实生活中新品发布会就是一个非常典型，以亮点为理由的活动类型。

例如，OPPO R7s 发布会就是以亮点"充电 5 分钟 通话两小时"作为活动素材，来吸引各大媒体以及粉丝的注意力，才得以举办成功的，如图 2-21 所示。

■ 图 2-21　OPPO R7s 发布会

2.4　探究：活动策划的规则

有一些初出茅庐的活动策划者，在进行活动策划工作时总会遇到各种大大小小的问题，随着问题的积累，也容易倍受打击，甚至出现了自我贬低的情况，这样是非常不可取的。

下面就来了解活动策划的规则，活动策划菜鸟只有将活动策划的规则掌握了，才能在活动策划的过程中避免一些问题的发生，为自己增加一些信心。

2.4.1 规则一：只需一个主题

活动策划者在进行活动策划工作时，只需要确定一个核心主题，并围绕此主题展开活动策划，千万不要在一个活动中嵌入多个主题思想，这样策划出来的活动可操作性非常低，是没有任何意义的。

一般来说，活动主题在以下三点的基础上才能得以确定。

- 从企业实际情况出发。

- 根据市场发展状况进行确定。
- 是目标受众所需要的内容。

2.4.2 规则二：直接说出利益

一个好的活动策划，一般都会将对受众有利的方面直截了当地告诉受众，这样更容易让受众受到活动的渲染。

例如，举办一场优惠促销活动，那么就需要在宣传的过程中，让受众了解到优惠力度，这样就比较容易激发消费者的购买心理。

2.4.3 规则三：考虑执行能力

活动策划者在进行活动策划的过程中，需要从三个方面把控好活动是否具有执行能力，如图2-22所示。

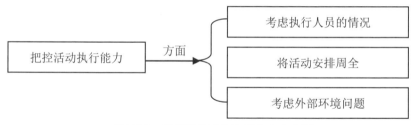

■ 图2-22 把控好活动应注意的三个方面

2.4.4 规则四：转化活动类型

活动策划者千万不要只盯着一种活动类型进行策划，要转换活动类型，这样才能学会判断在正确的时间上运用正确的活动类型，且大大地提高了活动的可执行力，以及策划者的策划能力。

2.5 熟悉：策划书常见规范

活动策划者在进行活动策划的过程中，还需要撰写活动策划书，下面就来了解活动策划书常见的撰写规范。

2.5.1 规范一：活动的名称

一般来说，在策划书上，活动名称主要包含三点内容，如图 2-23 所示。

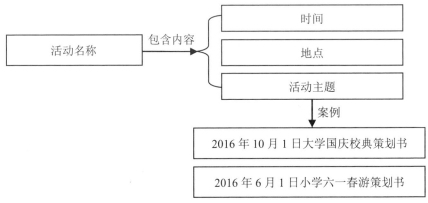

■ 图 2-23　活动名称所包含的内容

2.5.2 规范二：活动的主题

在活动策划书上一定要明确活动主题，不然企业管理者就不能快速抓住重点，既浪费管理者的时间，又可能让活动策划者"白费心思"。

一般来说，活动主题最好是控制在 300 个字以内，其中最好包括活动的目的、意义，势必要用最精简的语言，让企业管理者快速了解整个活动的核心内容。

2.5.3 规范三：活动的开展

在活动策划书中活动的开展包括四个部分，如图 2-24 所示。

2.5.4 规范四：活动的要求

在活动策划书的结尾部分，详细写出整个活动的要求，即举办活动的注意事项，避免开展活动时出现可控性的错误。

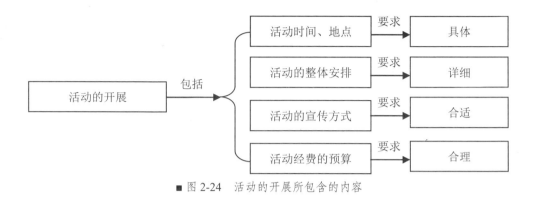

■ 图 2-24　活动的开展所包含的内容

2.6　注意：活动策划的事项

活动策划者在进行活动策划的过程中，很容易遇到一些问题，下面就来了解一些注意事项，让活动策划者规避一些问题。

2.6.1　事项一：明确受众对象

活动策划者在进行活动策划之前，一定要明确受众对象，且围绕活动受众的需求、喜好来进行活动策划工作的开展。

2.6.2　事项二：明确活动阶段

一般来说，活动都会以三个阶段进行，如图 2-25 所示。

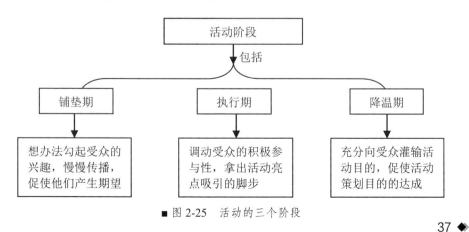

■ 图 2-25　活动的三个阶段

2.7 明确：活动策划者的素质

活动策划者在进行活动策划的过程中，需要具备以下素质。

2.7.1 素质一：具有创新性思想

活动策划者需要具有创新性思想，这样才能让自己策划出来的活动更具亮点。创新性思想的作用如图 2-26 所示。

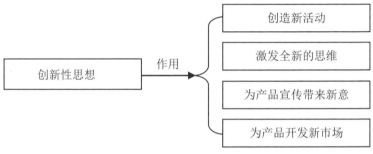

■ 图 2-26　创新性思想的作用

2.7.2 素质二：具有强协调能力

活动策划者可以说是整个活动的"指挥员"，他们需要具有较强的协调能力，才能与其他人员相互交流，才能保证活动正常运行。那么，活动策划者的协调能力在活动中何以体现呢？如图 2-27 所示。

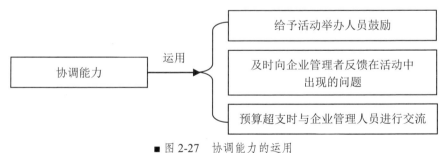

■ 图 2-27　协调能力的运用

2.7.3 素质三：心理素质需强大

对于活动策划者来说，良好的心理素质是必须要具备的，特别在处理突发事件上，也得以体现活动策划者的心理承受能力。下面就来了解活动策划者在心理素质方面需要做到的三点，如图 2-28 所示。

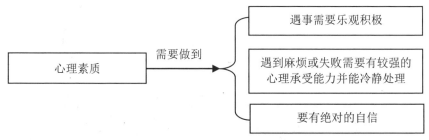

■ 图 2-28　心理素质强大需做到的三点

第3章
熟知——活动策划的步骤

学前提示

活动策划者在进行活动策划时是有步骤可循的,并不是随意"铺设",凭个人感觉将活动策划出来的。

由此,本章即将来讲述活动策划的步骤,让活动策划者掌握好活动策划的诀窍。

要点展示

第一步:明确活动目的
第二步:清除成本花费
第三步:初步策划活动
第四步:明确活动细节

3.1 第一步：明确活动目的

一般来说，活动类型的不同，活动目的也会随之不同，由此，活动策划者除了要明确目的之外，还可以根据活动类型来确定活动目的。下面就列举几个活动类型，来了解类型背后的活动目的。

3.1.1 众筹型活动

众筹是如今比较火的一种营销活动，它是在特定的时间内向消费者提供新产品的性能、特色、背景等方面的信息，发起筹款活动，若筹款成功则给筹款人赠予各种礼物。

例如，在淘宝众筹网上的一个众筹项目"来自韩国的全能净化仪"，设定了几个筹款，每个筹款都设定了不同的礼品，而这样的设定也是吸引用户愿意筹款的一个原因，如图3-1所示。

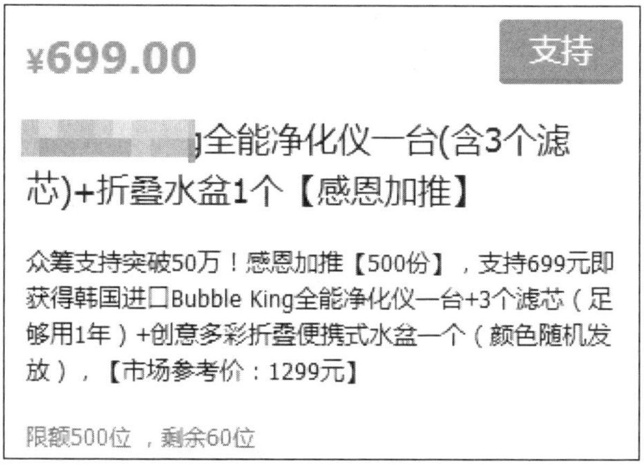

■ 图3-1 筹款项目

此筹款活动也明确说明了自己筹款的目的，如图3-2所示。
下面就来了解众筹活动背后所隐射出的活动目的，如图3-3所示。

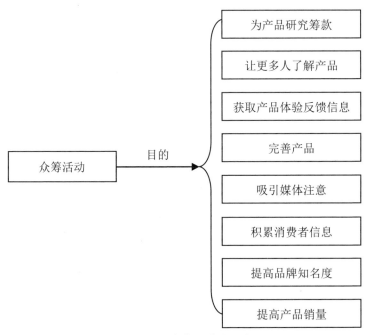

■ 图 3-2　筹款项目

■ 图 3-3　众筹活动的目的

专家提醒

众筹背后所隐射的目的并不止上文所说的那些，活动策划者需要有判断的能力，看自己策划活动的目的是否属于众筹活动，若属于则可策划一个众筹活动；若不属于则需要活动策划者再次考虑，选择合适的活动类型。

3.1.2 促销型活动

促销型活动，顾名思义，是指以产品促销为目的的活动类型。这类活动的策划要求其实并不高，一般在活动策划书中将以下四个方面的内容撰写清楚，企业管理者批准的可能性较大。

- 促销力度。
- 促销背景。
- 促销时间。
- 促销目的。

当然促销型活动的目的，并不只是为了促销产品，还可有其他目的，如图 3-4 所示。

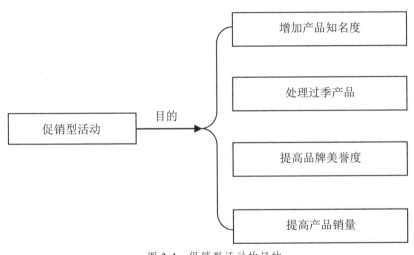

■ 图 3-4　促销型活动的目的

3.1.3 内部型活动

一般企业还会以公司员工为受众，举办内部活动。内部活动一般分为两种，且两种类型的活动目的也不相同，如图 3-5 所示。

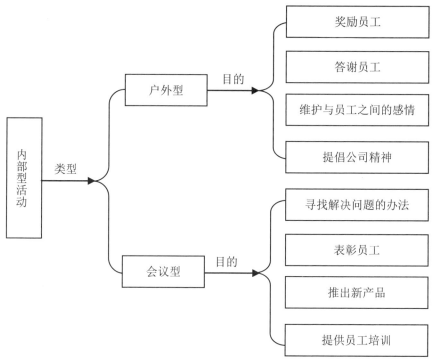

■ 图 3-5　内部型活动的活动目的

3.2　第二步：清楚成本花费

在进行活动策划之前，活动策划者需要清楚一个活动中大概的成本花费，这样才能拟定一个资金保证给企业管理者，然后获得活动资金。而活动策划者需要按照活动资金预算来进行整个活动的策划。

3.2.1　估算成本

活动策划者在进行活动策划之前，就必须估算出成本，当然活动内容的不同，活动成本的估算价格和估算要素也是不同的，这就需要活动策划者有日积月累的经验才能一个人完全胜任估算工作，不然就需要活动策划者在估算成本的过程中，多与其他部门的人员沟通，征集意见。

一般常用成本花费要素为十个，如图 3-6 所示。

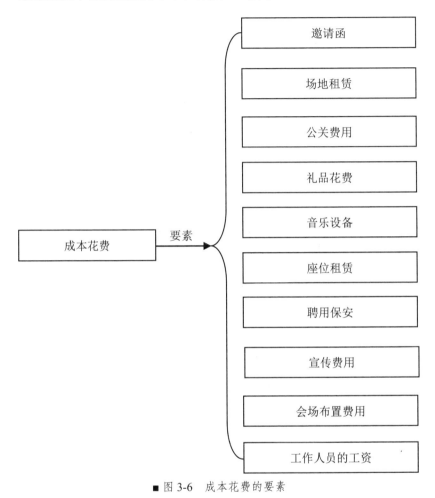

■ 图 3-6　成本花费的要素

3.2.2　细算成本

活动策划者估算出大致成本后，还需要进行成本细算，进一步保证活动成本花费的精准性。

例如，企业准备在酒店里邀请同行知名人士同进晚宴活动，这里就不考虑其他的成本费用，只考虑在酒店内的花费，如图 3-7 所示。

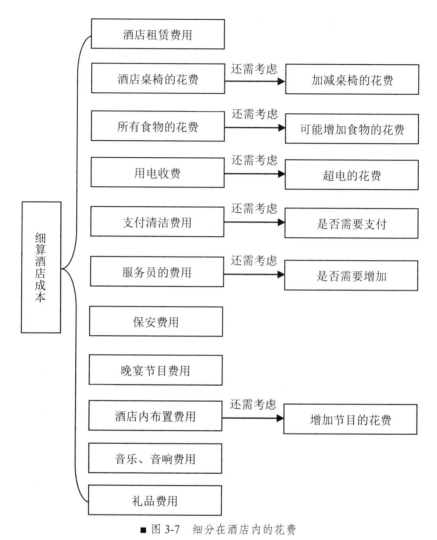

■ 图3-7 细分在酒店内的花费

专家提醒

　　活动策划者需要根据自己策划的活动类型、目的、想要的效果来考虑成本各个方面的花费。活动策划者最好在选择产品、节目等各方面多列举几个成本细分表出来，进行对比，看哪个场地、哪些节目更适合活动主题，又能节约成本。

3.3 第三步：初步策划活动

活动策划者在确定活动目的和活动成本花费之后，就需要进行初步的活动策划，慢慢将活动策划成型。

3.3.1 组织活动策划团队

活动策划者在进行活动策划工作之前，千万不要自己一个人埋头苦干，不然策划出来的活动会出现不严谨的情况。

由此，活动策划者需要组织一个团队一起完成一个活动的策划，团队人数根据活动大小来确定。

- 一般小型活动需要10人以下即可。
- 大型活动要根据活动的具体要求进行人数的拟定。

活动总策划者需要根据团员的性格、爱好、技能来分配任务，只有这样团队人员在处理问题上都会比较有效率。

在团队中，还需要多开会议，来征求团队成员对各方面的意见和看法，以及考虑是否要求助外援，例如，活动策划专业人士、公关反面的公司、活动运营导演等，通过他们专业的视觉来给活动添彩。

活动策划者还需要考虑活动安全、相关许可证等因素,确保活动完美展开。

3.3.2 进行活动整体构思

组建活动策划团队后就需要进行构思活动的工作。活动构思是整个活动策划过程中的关键部分，它与活动设计、活动成功运行、在活动中发现问题等方面组成策划活动的整体。

活动策划团队在构思的过程中，需要考虑九个问题，如图3-8所示。

活动策划实战宝典：品牌推广 + 人气打造 + 实战案例

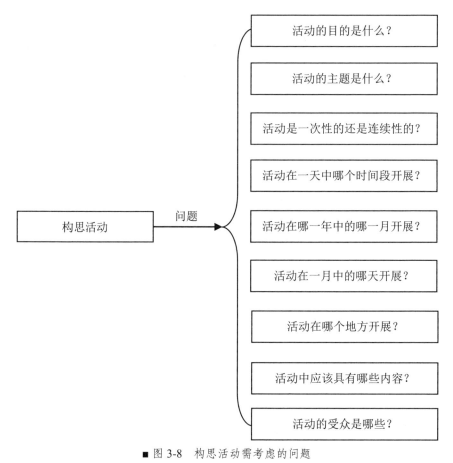

■ 图 3-8 构思活动需考虑的问题

> **专家提醒**
>
> 以上提到的问题只是一个小范围的思路，活动策划团队需要根据具体问题做出具体活动构思，届时需要思考的问题也会不一样，总之，在构思活动的过程中，一定要让活动流程有头有尾地进行。

3.3.3 确定活动的类型

活动策划团队还需要确定好活动类型，一般都是根据活动目的进行确定的，可是一个目的可以应对多个活动类型，届时就需要活动策划团队考虑以下三个问题，再进行活动类型的选择。

- 活动目的适合哪些活动类型。
- 根据活动主题再一次进行挑选类型。
- 根据企业经济能力进行选择类型。

例如，企业的活动目的是为了提高品牌形象，则可以选择新闻发布会型活动、促销型活动、娱乐型活动、奖励型活动、众筹型活动等；因为活动主题需要比较严谨，即可选择新闻发布会型活动、众筹型活动；又因为企业经济能力不强，即可选择众筹型活动。

3.3.4 计算整体策划时间

在策划活动的过程中，总会遇到各种各样的问题，例如，难以找到合适的活动场地、难以联系合适的娱乐节目等。解决问题是需要时间的，由此，活动策划团队需要将活动策划时间整体性地计算出来，避免出现时间不够用的状况。

活动策划团队在计算策划时间时，需要考虑以下三个问题。

- 确定从策划→布置→举办活动的整体时间。
- 计算每个活动项目需要花费的时间。
- 解决已知问题所要花费的时间。

3.4 第四步：明确活动细节

众所周知，细节决定成败，由此，明确活动细节是活动策划最后一个步骤，下面就来了解活动细节方面的知识。

3.4.1 预留时间

活动策划推动需要预留一部分的时间来规避、检查活动整体准备情况，若发现问题也可用预留时间进行解决。

一般来说，预留时间可为 1～3 天，在预留时间中，需要做两件事，如

图 3-9 所示。

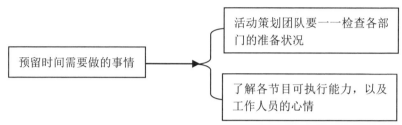

■ 图 3-9 预留时间需要做的事情

3.4.2 客人主次

活动策划者需要将邀请的客人列在表格中，再确认客人是否能如期到达，且活动座位有前后顺序，一般需要将比较重要的客人安排到靠前的位置，然后按客人的主次进行座位的安排。

在邀请客人之前，还可以拟出两份客人名单，第一份名单是主要客人，第二份名单是次要客人，若主要客人有人不能如期达到，则可以立马邀请次要客人进行补位，如图 3-10 所示。

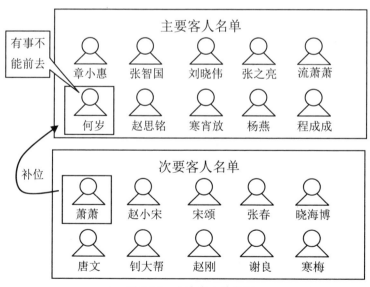

■ 图 3-10 主次客人补位图

3.4.3 人员调配

活动工作人员的调配除了需要合理之外，还需要让他们注意以下四个方面的要求。

- 衣着方面的要求。
- 行为举止方面的要求。
- 礼节方面的要求。
- 处事风格方面的要求。

第4章
掌握——策划的核心内容

学前提示

活动策划除了活动的目的、活动的主题是需要活动策划者进行仔细考虑之外,还需要掌握活动时间的选择、地点的选择、宣传方式以及比较紧密的流程,才能策划出一个好的活动。本章即将讲述活动策划的核心内容。

要点展示

选择合适的时间
选择合适的地点
选择合适的宣传
制订合适的流程

第 4 章 掌握——策划的核心内容

4.1 选择合适的时间

对于活动策划来说,时间是比较核心的一个部分,时间的选择是否合适能决定活动策划的成功程度。下面就来进一步了解在活动策划中时间的选择。

4.1.1 时间的作用

时间对于活动策划来说,具有非常大的作用力,若时间没有选择恰当则会影响活动的举办效果,若时间选择恰当则会成为推动活动成功的利器。下面就来了解时间在活动策划中的作用,如图 4-1 所示。

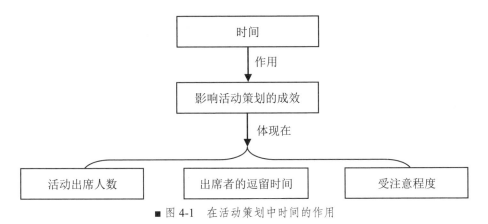

■ 图 4-1 在活动策划中时间的作用

例如,活动时间安排在工作日的晚上,第二天出席者多需要上早班,则会出现出席者逗留时间短的情况,活动很难在出席者心中留下深刻的印象,活动效果也会不佳。

4.1.2 时间的阶段

一般来说,活动时间分为三个阶段,如图 4-2 所示。

这三个阶段都需要根据两个方面进行时间的选择,如图 4-3 所示为时间三阶段之间的关系与制订时间的两个方面。

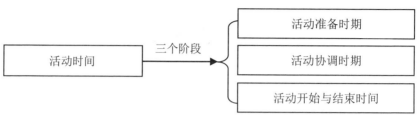

■ 图 4-2 活动时间的三个阶段

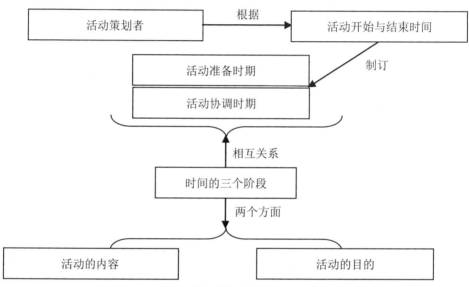

■ 图 4-3 时间三阶段之间的关系与制订时间的两个方面

专家提醒

在活动策划书、邀请卡、宣传广告中,一定要将活动开展与结束时间撰写清楚,这样既能让企业管理者了解活动具体时长,又能让出席者准时出席活动。

4.1.3 考虑的因素

活动策划者在制订活动时间的过程中,所需要考虑的问题如图 4-4 所示。

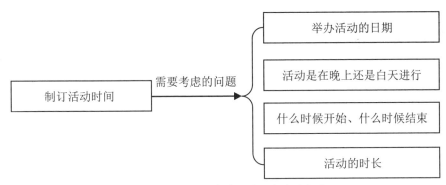

■ 图 4-4 制订活动时间需要考虑的问题

活动策划者在制订活动时间的过程中，所需要考虑的因素如表 4-1 所示。

表 4-1 制订时间所需要考虑的因素

因　素	方　面
关于出席者	避开出席者工作日时间，最好选择星期五的晚上到星期天的下午的时间段
关于主讲人	若主讲人是公司高管，则需要考虑主讲人的时间安排表
关于天气	天气不好，会影响出席者、工作人员的心情，且对出行有所影响，很有可能会让出席者产生不出席活动的念头
关于高峰期	若在工作日进行活动，则需要避免在下班高峰期结束，如下午 16:30—17:00
居民生活习惯	开展时间不要太早或太晚，且历时不宜过长，一般控制在一至两个小时即可
注意风俗习惯	若主要出席者是外国人或者有宗教信仰，就需要注意他们所忌讳的数字，或者考虑是否冲撞了宗教活动。例如，信奉伊斯兰教的人会在每年的 3 月 12 日举行圣会活动，若企业在这日举办活动，那么就不可能邀请到信奉伊斯兰教的人了
适当选择节日	活动是最好能借助节日来烘托气氛的。可是像春节这样的节日，大家都希望和家人在一起过年，若是在这样的节日中举办活动，是难以邀请到出席者的

4.2　选择合适的地点

　　地点是否合适能决定活动策划的影响效果，若在合适的地点进行活动，则活动效果会非常显著；若在不合适的地点进行活动，则活动效果会大打折扣。由此，在活动策划中地点也是成功的核心要素。

4.2.1 地点的作用

地点在活动策划中是必不可少的一环,若没有这一环,那么活动就会出现无从下手的情况,届时再好的活动也不能给企业带来任何利益。由此,活动地点的选择是活动策划者需要上心的要素。下面就来了解地点在活动策划中的作用,如图4-5所示。

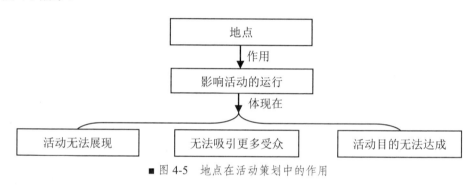

■ 图4-5 地点在活动策划中的作用

4.2.2 考虑的因素

活动策划者在进行活动地点的选择时,需要考虑的方面有很多,其中首要考虑的因素就是根据活动类型来选择地点,如图4-6所示。

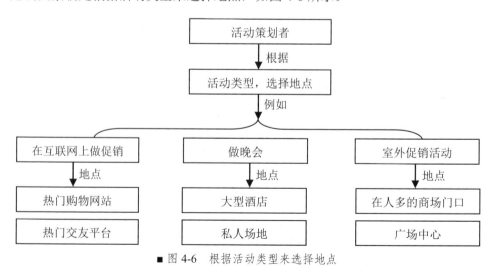

■ 图4-6 根据活动类型来选择地点

活动策划者在选择活动地点时，还需要考虑成本问题，如图4-7所示。

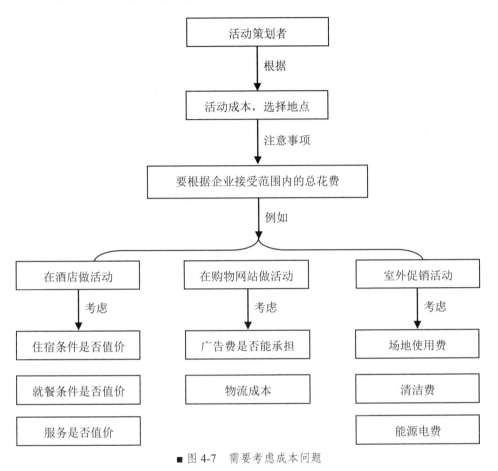

■ 图4-7 需要考虑成本问题

活动策划者在选择活动地点时，还需要考虑地址问题，如图4-8所示。

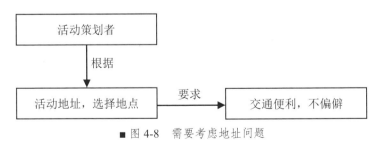

■ 图4-8 需要考虑地址问题

> **专家提醒**
>
> 活动策划者在选择地点时，千万不要随便选择，一定要从各方面进行考虑，势必要挑选出一个最合适活动的地点，还可以从地点的人流量率、地点的地理位置等方面考虑地点的合适程度。

活动策划者若是选定了一个地点，不能松懈对地点的考量，还需要考虑其他方面的问题，如图4-9所示。

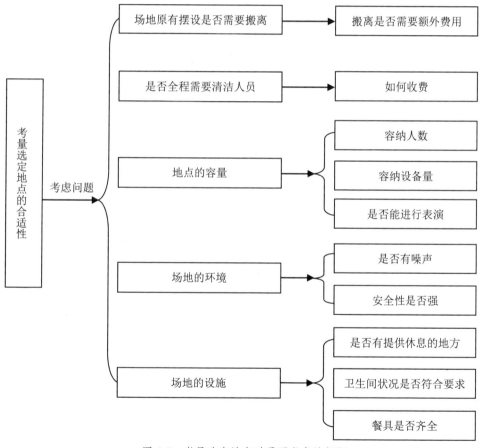

■ 图4-9 考量选定地点时需要考虑的问题

> **专家提醒**
>
> 活动策划者选定地点后,需要将自己所考虑的事项都写在合同中,与活动场地租赁方签订好合同,才能保障不会出现上面提到的问题。

4.3 选择合适的宣传

对于活动策划来说,活动的宣传方式是活动成功的"带领先驱",当宣传效应非常好时,活动成功率会有很大提高,若宣传效果不佳,那么活动效果必然不会好的。

4.3.1 宣传的作用

活动宣传的主要作用在于吸引人流量,让人们知晓企业活动的存在,只有这样才能提高活动的成功率,在活动策划书中也可以将活动宣传的手段讲述出来,是提高被企业管理者同意实行的一项基本因素。

下面就来了解活动宣传的作用,如图 4-10 所示。

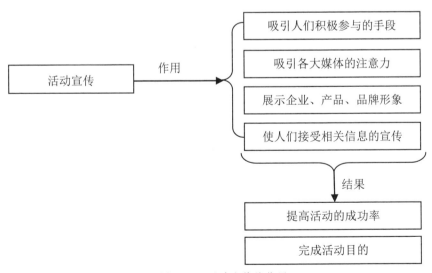

■ 图 4-10 活动宣传的作用

4.3.2 考虑的因素

活动策划者在选择宣传渠道时，需要考虑其渠道是否能为活动带来最大化的效果，不然活动宣传就会变成一种又"烧钱"又"无用"的活动策划策略了。由此，活动策划者在选择宣传渠道时，需要考虑三个问题，如图4-11所示。

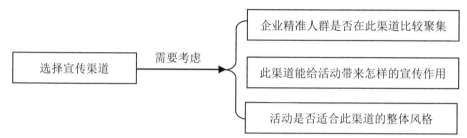

■ 图4-11 选择宣传渠道时需要考虑的问题

活动策划者在选择活动宣传策略时，需要在宣传策略中嵌入六大特色，才会具有吸引人们注意力的作用，如图4-12所示。

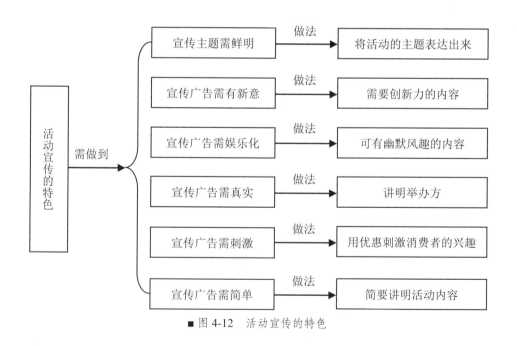

■ 图4-12 活动宣传的特色

4.3.3 宣传的方式

活动宣传方式多种多样，活动策划者若想在众多的宣传方式中选出一个最合适活动的方式，则需要从三个方面考虑，如图 4-13 所示。

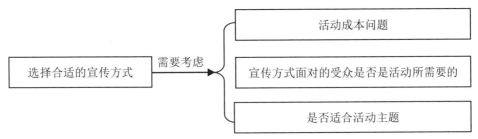

■ 图 4-13　选择合适的宣传方式需要考虑的问题

除此之外，活动策划者还需要对活动宣传方式有一定的了解，才能从客观上进行选择，下面就来了解活动宣传的常见方式。

1．微信朋友圈宣传

有不少的活动策划者，愿意将活动放置到微信朋友圈中做宣传，这样既能节省一定的成本，又能将自己的朋友都利用起来，产生一定的口碑效应，如图 4-14 所示。

■ 图 4-14　微信朋友圈宣传

2. 热门互联网载体

一般热门互联网载体是指像微博、微信、QQ、淘宝网、京东网等网民们喜欢逗留的地方。活动策划者可以将活动宣传广告投送到这些载体上，比较容易获得人流量。例如，淘宝网、京东网这类的购物网站，就需要花费一些广告费用，根据广告投放的位置不同，收取费用的方式与价钱也不同，活动策划者需要增加活动成本来进行选择。

而像微博、微信、QQ这样的社交软件，投放宣传广告有以下两种方式。

- 付费投放。
- 免费投放。

对于那些资金比较紧凑的企业来说，免费投放比较实用，在每个社交软件中的投放地点是不一样的，下面就以QQ为例，如图4-15所示。

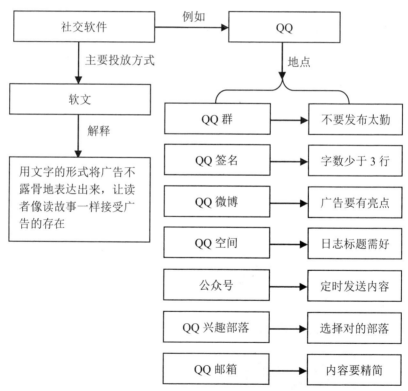

■ 图4-15　QQ宣传广告的免费投放地

对于那些资金比较宽裕的企业，可以选择淘宝网、京东这样购物聚集地来宣传促销类的活动，如图 4-16 所示。

■ 图 4-16　付费广告

3. 发宣传单

活动策划者可以通过市场调查，了解哪个地方的人流量比较多且企业目标客户比较多，则可以在此地发宣传单，而发布宣传单的时间最好避开工作日，在 9:10—11:00 点和 15:00—16:30 的时间段内发传单，其效果比较好一些。

需要注意的是，宣传单上一定要有五大要素，这样才能让人们更了解活动，对活动感兴趣，如图 4-17 所示。

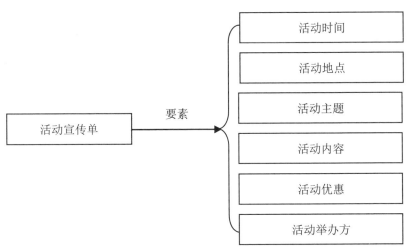

■ 图 4-17　活动宣传单上的要素

活动宣传单上的设计不要做得太过复杂，要么简单大方，设计让人一眼望去非常舒适，要么就幽默风趣，总之做得比较特别一些，让人们拿到手上就忍不住注意，如图 4-18 所示。

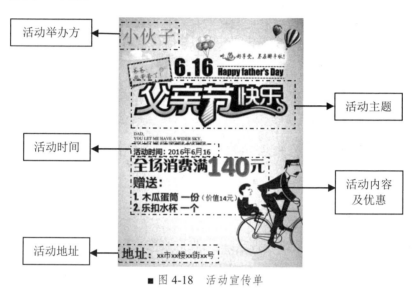

■ 图 4-18　活动宣传单

> **专家提醒**
>
> 活动宣传方式需要活动策划者根据企业各方面的因素来进行选择，实事求是地进行，才会有一定的效果。

4.4　制订合适的流程

活动流程是否合理、是否精密能影响整个活动在执行过程的运行度，下面就来了解活动策划流程是如何制订的。

4.4.1　制订的要点

活动策划者在制订活动流程时，千万不能随意将一些毫无关系的流程环节拼凑在一起，若是拼在了一起，那么活动策划书定然不会被采纳。

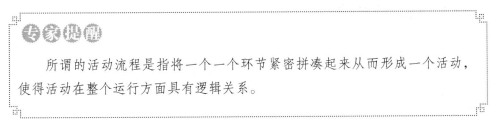

所谓的活动流程是指将一个一个环节紧密拼凑起来从而形成一个活动，使得活动在整个运行方面具有逻辑关系。

下面就来了解制订活动流程时需要掌握的四个要点，如图4-19所示。

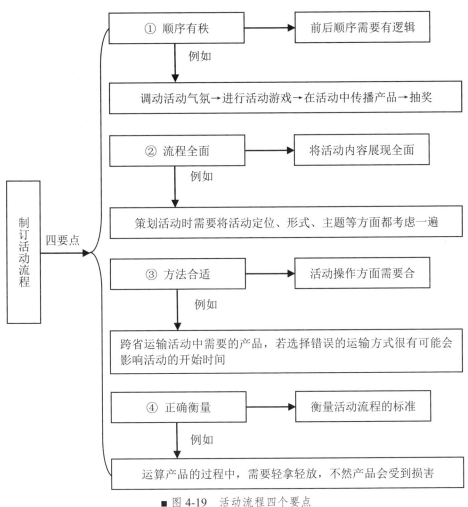

■ 图4-19　活动流程四个要点

4.4.2 制订的要素

这里讲的活动策划流程,不单是指活动执行流程,还包括活动策划整体流程,将整个活动从策划到执行都结合在一起,才能策划出一个容易引人注意的活动。下面就来了解活动策划者在策划活动整体流程时需要考虑的要素,如图4-20所示。

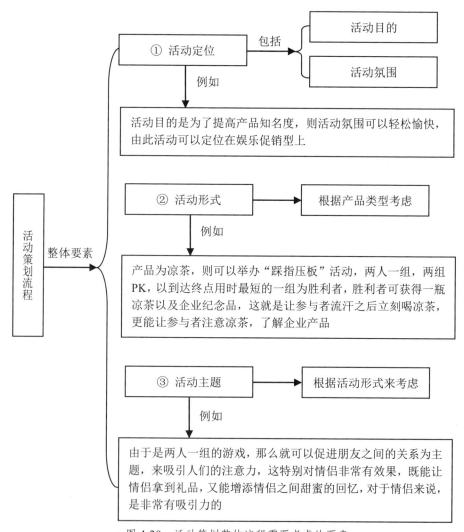

■ 图4-20 活动策划整体流程需要考虑的要素

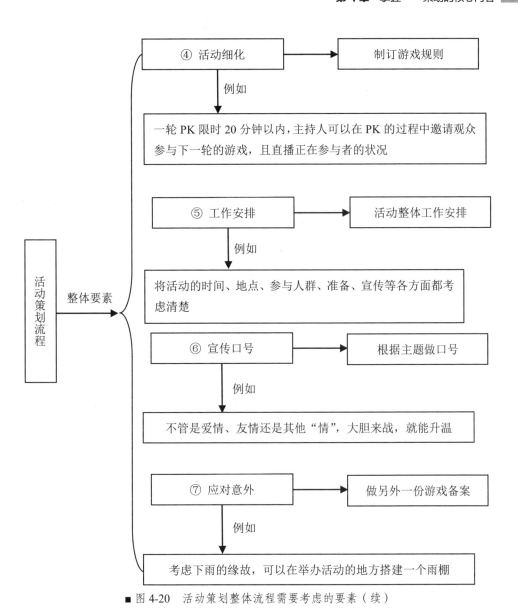

■ 图4-20 活动策划整体流程需要考虑的要素（续）

第 5 章

互联网活动策划

学前提示

如今,互联网是企业进行营销活动的一大根据地,由此活动策划者需要掌握好关于互联网相关方面的策划活动技巧,只有这样策划出来的活动才能抢得先机。本章即将讲述互联网活动策划相关内容。

要点展示

众筹活动策划
团购活动策划

5.1 众筹活动策划

在互联网活动中,众筹活动是最近兴起的,也被很多企业看好,在本书第3章的3.1.1小节中曾提到众筹活动相关内容,下面就来详细了解如何才能策划好一个众筹活动。

5.1.1 众筹活动成功的诀窍

有一些活动策划者不愿意策划众筹型活动,因为他们认为众筹型活动很难给企业带来利润,最多是"赔本销售",其实不然,只要众筹活动能引起消费者的注意,就很容易让消费者愿意主动筹款,且产生口碑效应。

下面就来了解众筹活动成功的诀窍,如图5-1所示。

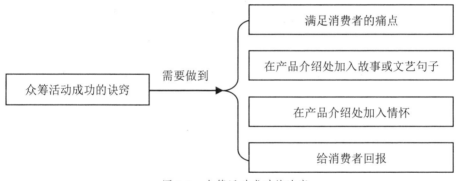

■ 图5-1 众筹活动成功的诀窍

例如,在淘宝众筹官网上的一个众筹项目"某无线充电器 原木原生态",就聪明地掌握了众筹型活动一些成功诀窍。

1. 满足消费者的痛点

在某无线充电器众筹活动中,活动策划者将产品能满足"消费者所解决不了的需求"的产品特点提出来,具体如下,从而满足消费者的痛点,大大地吸引消费者的注意力,如图5-2所示。

- 原木原生态。

- 无线充电。
- 迷你小巧。
- 安全认证。
- 智能芯片。
- 兼容广泛。

■ 图 5-2　突出满足消费者痛点的产品特点

2. 在产品介绍处加入文艺句子

在某无线充电器众筹活动中,以文艺的句子"这才是我要的生活……渴望旅行,一个人,一辆单车,一个背包……",来让无线充电器变得有温度、有感情、有感染力,如图 5-3 所示。

■ 图 5-3　加入文艺句子

3. 给消费者回报

在众筹活动中，最好给予消费者一些回报，且回报与产品有关系，这样才能推动那些对产品感兴趣的消费者出资。在某无线充电器众筹活动中，就分了七种筹资方案，以价格来划分，不同的价格有不同的回报，如图 5-4 所示。

■ 图 5-4　不同的筹资方案

> **专家提醒**
>
> 在众筹活动中，最好加入"风险提示"，从而避免不必要的纠纷发生，如图 5-5 所示。

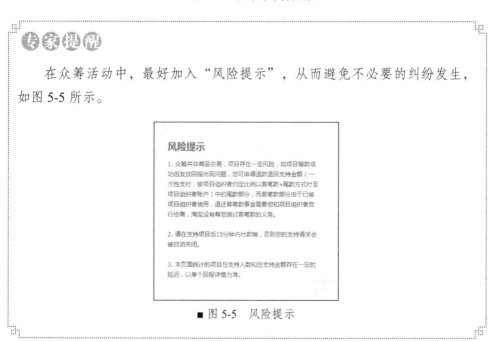

■ 图 5-5　风险提示

5.1.2 策划众筹活动的方法

不管是何种类型的活动，都需要一个好的策划方案，才能让企业获得收获。由此众筹型活动可从四个方面入手，策划出一个好的活动方案，如图 5-6 所示。

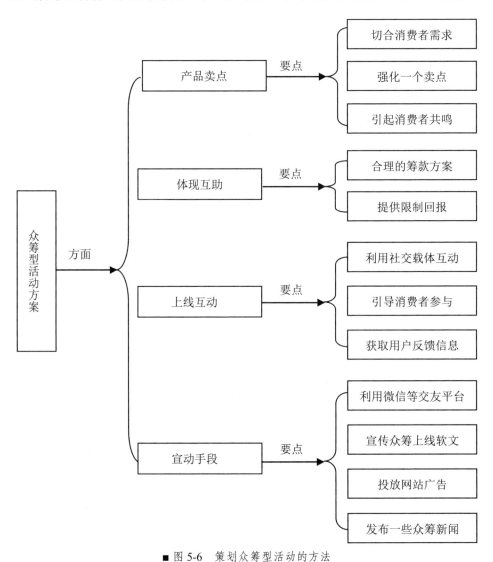

■ 图 5-6　策划众筹型活动的方法

5.1.3 利用情怀来吸引受众

活动策划者还可以找一些名人、热门事件一起加入众筹活动中，从而利用粉丝情怀来吸引受众，获得传播与参与力量。

例如，利用电影《功夫熊猫》为亮点，推出无线遥控特技车，这就是利用喜欢看《功夫熊猫》的用户情怀，来吸引他们对这个众筹的关注，如图5-7所示。

■ 图 5-7 "功夫熊猫"无线遥控特技众筹活动

又如，利用明星王×和名人周××来吸引粉丝的关注，进行了一次手机的众筹活动，如图5-8所示。

■ 图 5-8 360手机众筹活动

> **专家提醒**
>
> 注意借助名人的势气之前，先要获取对方的许可，若没有对方的许可就利用是侵权行为，所以需要获得对方同意后才可进行。

5.1.4 【实战案例】"认领蓝莓当地主"众筹项目策划书

下面来看一篇众筹项目策划书《"认领蓝莓当地主"众筹活动策划书》：

"认领蓝莓当地主"众筹活动策划书

一、前言

众筹模式是一种成本花费不太高的活动类型，且在互联网上非常受欢迎，还有专门的众筹网站，如淘宝众筹、京东众筹等。"认领蓝莓当地主"在2016年3月15日发起，通过5天的微信朋友圈宣传，已有15人确定参与。于是，我们计划在未来的2个月内在淘宝众筹中完成"认领蓝莓当地主"众筹的活动，为我们的一片蓝莓果地找到主人。

二、项目内容

1. 项目名称：认领蓝莓当地主

2. 项目时间：2016年4月5日—2016年6月5日

3. 项目主题：以众筹的方式，来筹资包装费、邮费、扩大种植规模、成立专业合作社、开办采摘农产。

4. 项目目的：以众筹的方式，拓宽蓝莓的销售渠道，吸引一批忠实粉丝，打造并提高"大蓝莓"品牌的知名度。同时，扩大蓝莓以及其他产品的种植规模，成立专业合作社，开办采摘果蔬乐园。

5. 项目愿景：以淘宝众筹为契机，拓宽"大蓝莓"的销售渠道，将绿色天然的果蔬送到消费者的手中去。

三、项目分析

1. 产品优势：种植全程无添加剂，纯人工施肥、泉水灌溉，100%绿色纯天然，口感新鲜发脆，果粉均匀，个头肥大营养高。

2. 团队优势：由大学生村官组织村里大学生共同创建电子商务销售蓝莓平台，且由当地的农民共同打理蓝莓果园。

3. 设施优势：已经有100亩的蓝莓果园，所以前期的投资是不需要了，项目资金投入低，活动成功率比较高。

四、项目运营

1. 提供回报：此次众筹活动是需要给出资者回报的，其回报如下。

倾情支持36元：新鲜品尝500g蓝莓。

倾情支持140元：享受1 600g/年，可享受八年投资140元认筹一棵蓝莓树，八年在家坐等蓝莓送到家。

倾情支持210元：享受1 500g/年，可享受十年，不仅可以在家坐等蓝莓送到家，还可以前来体验采摘乐趣。

2. 提供土地证：给符合给予土地证要求的出资者邮寄安心的土地证。

3. 明确资金用途：来筹资包装费、邮费、扩大种植规模、成立专业合作社、开办采摘农产。

4. 真实证明：提供当地农业局身份和支持证明，并盖章。

五、总结

此次众筹项目看似是亏本的，可从长期角度来看盈利空间比较大，特别对宣传"大蓝莓"品牌以及扩大种植规模、开办合作社有较大的帮助，最主要的是将绿色天然的产品送到消费者的面前，大大提高产品口碑，以及消费者的生活质量。

【案例分析】

众筹型活动策划书并没有固定策划书中的策划要素，而是根据策划产品、策划目的而进行撰写的，不过《"认领蓝莓当地主"众筹活动策划书》中的策划要素是比较常见的，下面就来分析《"认领蓝莓当地主"众筹活动策划书》中策划要素的作用，如图5-9所示。

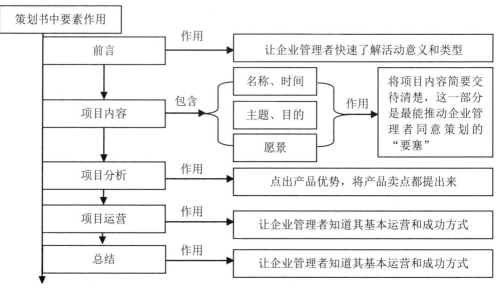

■ 图 5-9 《"认领蓝莓当地主"众筹活动策划书》中策划要素的作用

> **专家提醒**
>
> 除了《"认领蓝莓当地主"众筹活动策划书》中策划要素之外,还可以加入项目进度,这样既能让企业管理者清晰了解项目的进程,又能放在众筹页面上,让出资者大致了解项目的进度。如图 5-10 所示为淘宝众筹网上的"无线家用地面清洗机"众筹项目中的项目进度。

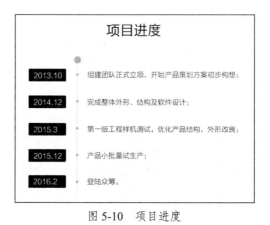

图 5-10 项目进度

5.2 团购活动策划

人们常见的团购网站有美团、大众点评、糯米网等。那么到底什么是团购呢？团购是指商家以薄利多销的方式，用人们单独购买不到的价格，让一群相互不认识的消费者联合起来，共同购买一件商品。

对于消费者来说，团购是一种比较实惠的消费体验，于是就造就了一部分消费者习惯性每天看一看团购的情况，可见团购活动的市场是多么大。

5.2.1 知晓团购活动的特点

活动策划者若想在互联网上进行团购活动的开展，就必须要知道团购活动的特点，从而根据这些特征来进行团购活动策划工作。如图 5-11 所示为团购活动的特点。

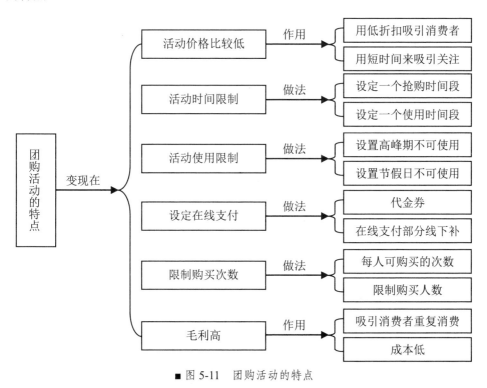

■ 图 5-11 团购活动的特点

5.2.2 策划团购成功的技巧

其实团购活动就是一种促销行为，它最大的作用在于提高品牌的知名度，获得产品好评。活动策划者若想让自己策划的团购活动获得成功，首要任务就是选择一个好的互联网团购平台，可以从三个方面进行考虑，如图5-12所示。

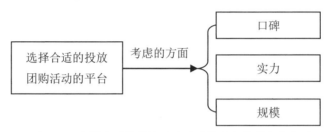

■ 图 5-12　选择合适的投放团购活动的平台需考虑的方面

专家提醒

若团购平台口碑好，就证明此平台上的团购活动都是注重质量、毫无掺假的商家，消费者会更喜欢在这样的平台上进行团购；若团购平台有实力，则证明此团购平台宣传力度比较大，曝光率也比较高，与之合作，自家产品的宣传力度会更加大；若团购平台规模大，就证明此团购平台进驻商家多，备受商家的信任，且囊括市场也比较大，这样说明此团购平台实力较雄厚。

活动策划者还可以在互联网上查看团购市场在当时的份额，通过这个调查能查看消费者的青睐偏向。例如，从2016年中国团购市场份额图中可以看出，美团排列第一，大众点评紧随其后，百度糯米也不甘落后，如图5-13所示。

专家提醒

活动策划者在了解团购平台的市场份额之后，就可以挑选2~3个团购平台，了解商家入驻相关信息，主要关注收费情况，根据企业的经济状况来挑选一个合适的团购平台。

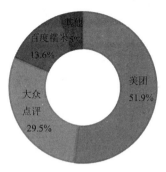

■ 图 5-13 2016 年中国团购市场份额图

团购活动的折扣力度一定要比平常大，只有这样消费者才愿意在团购平台上参与活动。例如，某美食餐厅在美团上推出了"85 元购买 100 元的代金券"活动，从 2014 年 11 月 26 日到 2016 年 2 月 29 日截止已经被销售了 30 207 次，可见这样的团购力度是消费者所希望出现的，如图 5-14 所示。

■ 图 5-14 美团上某团购活动的进展

除了注意活动折扣力度和合作平台之外，还需要注意活动的真实性和活动评价，这两个方面是决定团购活动是否成功的重要要素。

企业的团购活动一定需要是真实可靠的，且不说合作方是否愿意合作，单对品牌形象来说，虚假的互动会大大地损坏品牌口碑，让消费者对产品、品牌失望，届时就得不偿失了。

由此，企业在真实可靠方面可以根据三项原则来进行，如图 5-15 所示。

活动策划者在考虑完活动投放方面的事宜之后，就需要考虑维护问题，即评价。如今每个团购平台都设有消费者评价的功能,这个功能有以下三方面的好处。

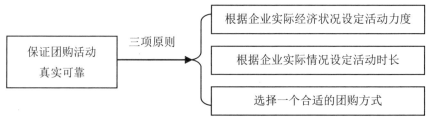

■ 图 5-15 保证团购活动真实可靠的原则

- 具有推荐作用,消费者可以通过评价来判断是否进行购买。
- 具有实现自我价值的作用,消费者可以在平台上发表消费体验。
- 可以通过评价来了解消费者对产品的看法,且了解产品需要改进的地方。

对于消费者而言,评价就是一盏"指路灯",若评价好,消费者就会愿意购买,若评价不好,消费者就很容易打消购买意向,由此,活动策划者需要想办法应对差评问题。

例如,面对消费者说分量少时,则可以礼貌地将做工工序说出来,让消费者明白分量是合理的,这样也能让其他消费者看到,避免出现误会。如图 5-16 所示为某团购活动面对说"量太少"的巧妙回复。

■ 图 5-16 某团购活动面对说"量太少"的巧妙回复

5.2.3 团购活动产品的描述

活动策划者，在团购活动产品的描述这一块需要以"详细"为核心，将活动细则都表现出来，这样才能让消费者了解活动的整个内容，避免误会发生。

下面就来了解团购活动产品描述中需要有的四大要素，如图 5-17 所示。

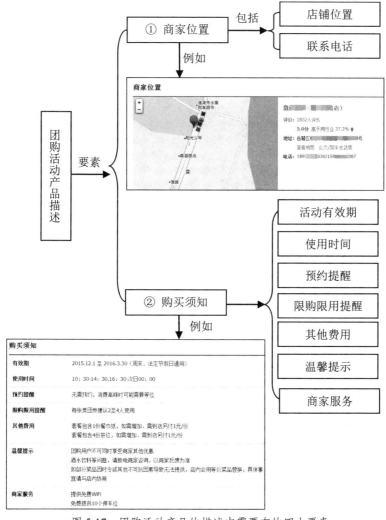

■ 图 5-17　团购活动产品的描述中需要有的四大要素

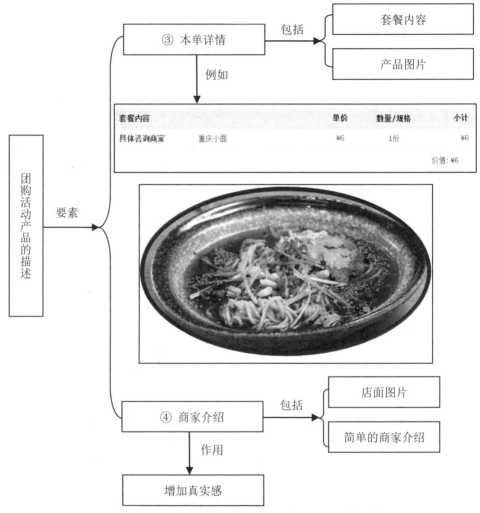

■ 图 5-17　团购活动产品的描述中需要有的四大要素（续）

5.2.4 【实战案例】"某口味馆"团购活动策划书

下面就以在美团官网上投放的一个"某口味馆"团购活动为例，模拟一个活动策划书《"某口味馆"团购活动策划书》：（由于用纯文字表示活动策划的内容会显得较为枯燥，于是下面的所有案例都会以图解的形式呈现）

"某口味馆"团购活动策划书

一、前言

如今团购已经备受消费者的关注,对于实体店来说,团购是一种拓宽消费者人群的渠道,也是打造品牌口碑最好的渠道。于是我们针对"某口味馆"特色菜来量身定做一个活动策划,势必将品牌推广出去,提高品牌知名度、产品好评率。

二、市场分析

【撰写指南】:这一块主要让企业管理者知道进行团购活动的好处,以及选定团购平台的原因,如图5-18所示。

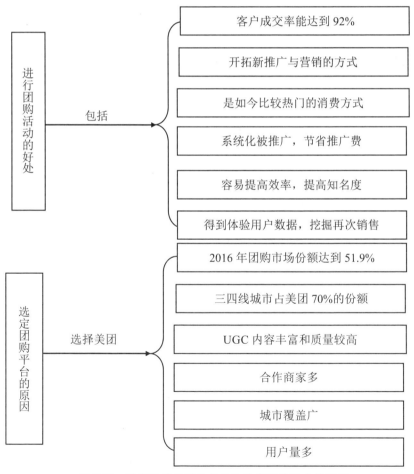

■ 图5-18 进行团购活动的好处和选定团购平台的原因

三、活动内容

【撰写指南】：这一块主要将活动名称、时间、地点、目的等内容叙述清楚，如图5-19所示。

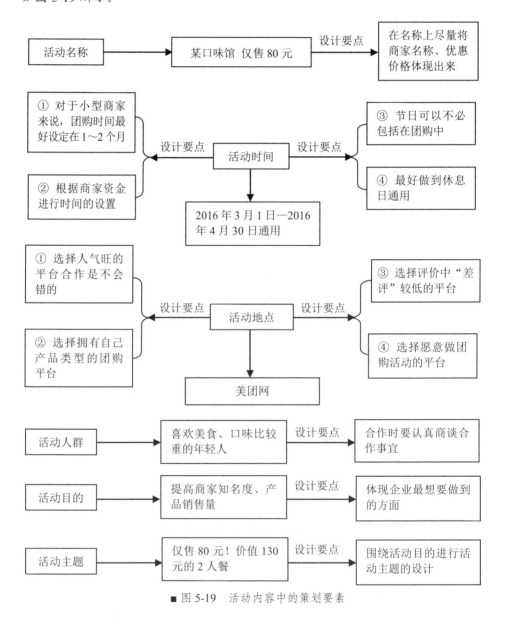

■ 图5-19　活动内容中的策划要素

四、活动运营

【撰写指南】：这一块主要将活动宣传、操作流程的内容叙述清楚，如图 5-20 所示。

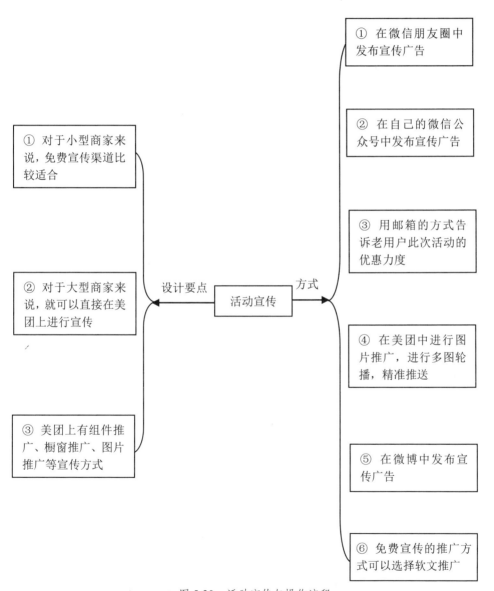

■ 图 5-20　活动宣传与操作流程

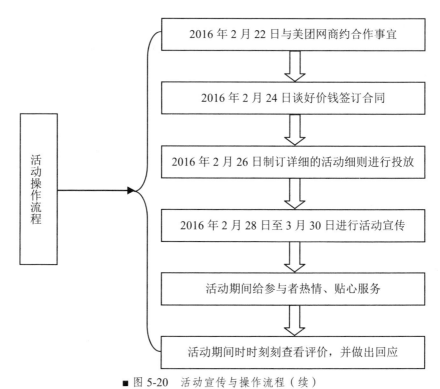

■ 图 5-20　活动宣传与操作流程（续）

五、活动细则

【撰写指南】：这一块主要讲解产品的描述，其中包括活动开展与使用日期、商家地址、联系方式等，如图 5-21 所示。

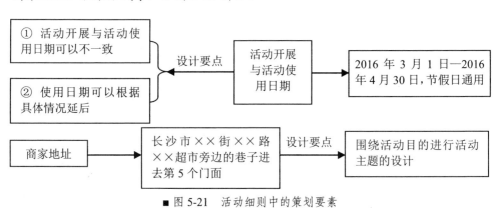

■ 图 5-21　活动细则中的策划要素

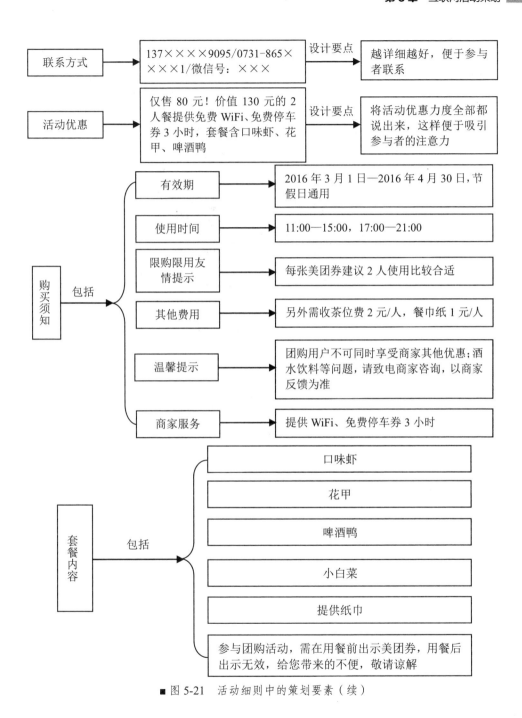

■ 图 5-21　活动细则中的策划要素（续）

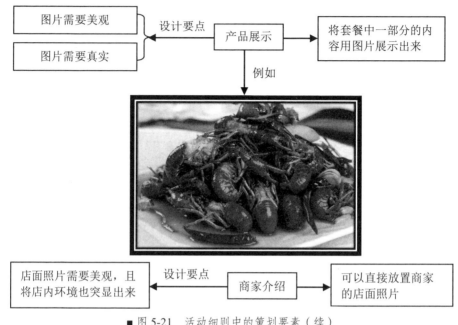

■ 图5-21 活动细则中的策划要素（续）

六、活动工作安排

【撰写指南】：这一块主要讲述活动工作的整体安排，如表5-1所示。

表5-1 活动工作安排表

责任人	时间安排	主要事项
策划部	2016年2月15日—2016年2月20日	制作团购活动策划书，并等待审批
销售部	2016年2月22日	与美团网商约合作事宜
销售部	2016年2月23日—2016年2月24日	谈好价钱签订合同
策划部	2016年2月25日—2016年2月26日	制订详细的活动细则进行投放
宣传部	2016年2月27日—2016年3月30日	进行活动宣传
服务部	2016年3月1日—2016年4月30日	从活动开始到结束期间，需要做到以下两件事： • 服务部需要给前来消费的参与者提供好的服务 • 面对参与者的评价要一一回复

七、总结

【撰写指南】：这一块需要活动策划者用总结性的话语来表达此次活动能达

到活动目的,如图 5-22 所示。

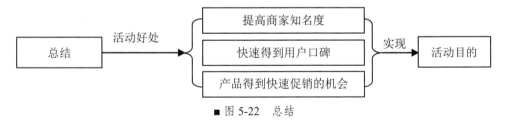

■ 图 5-22　总结

【案例分析】

团购型活动策划书一般大致相同,通过《"某口味馆"团购活动策划书》就可以发现在团购型活动策划书中,需要有六大元素才能构成,如图 5-23 所示。

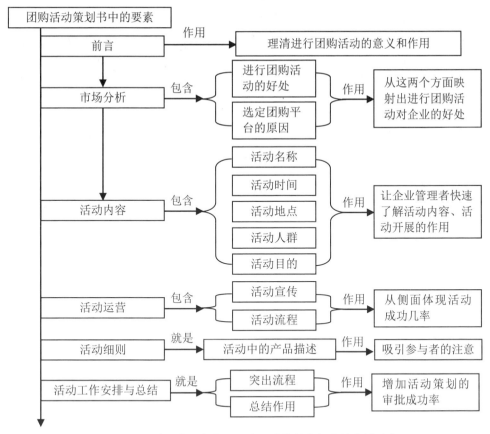

■ 图 5-23　《"某口味馆"团购活动策划书》中的策划要素

第6章
节假日活动策划

学前提示

节假日一直都是企业开展活动的契机,活动策划者需要掌握节假日活动的策划要点,只有这样活动策划者才能巧妙地借助节假日的气氛,顺势实现活动目的。本章即将讲解节假日活动策划的相关内容。

要点展示

元宵节活动策划

情人节活动策划

6.1 元宵节活动策划

对于消费者来说,元宵节是一个看元宵喜乐会、跟家人在一起"团团圆圆过元宵"的日子,而对于企业来说,元宵节却是进行促销活动的契机。下面就来了解元宵节活动策划的相关内容。

6.1.1 元宵节活动成功的诀窍

活动策划者若想成功地策划、开展一个好的元宵节活动,就必须要掌握四种诀窍,如图 6-1 所示。

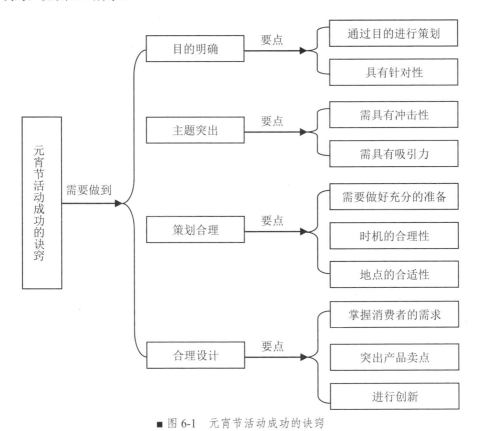

■ 图 6-1 元宵节活动成功的诀窍

6.1.2 元宵节活动地点的选择

活动策划中的地点是否合适,是决定元宵活动是否成功的一大因素之一。由此,活动策划者在进行元宵活动策划时,需要考虑三个问题来进行活动地点的选择。

1. 什么样的风格

元宵活动的风格需要从以下两个方面去定位,如图6-2所示。

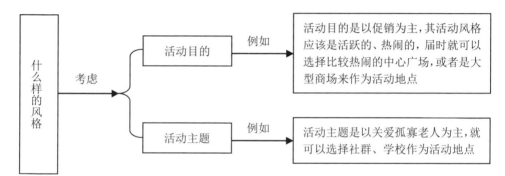

■ 图6-2 以活动风格考虑地点的选择

2. 什么样的规格

元宵活动地点的规格,是从参与者的消费方式来进行划分的,如图6-3所示。

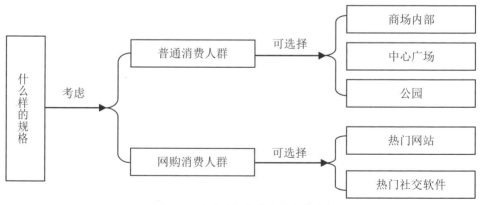

■ 图6-3 以活动规格考虑地点的选择

3. 什么样的规模

元宵活动地点的规模，是针对参与者来判定的，如图 6-4 所示。

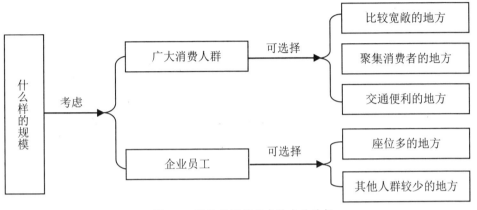

■ 图 6-4 以活动规模考虑地点的选择

　　活动策划者在进行元宵活动策划时，应该就具体问题进行具体分析，从经济方面、需求方面出发，再考虑前面所说的"三个问题"，才能挑选出一个合适的地点。

6.1.3 元宵灯谜是活动的重点

　　元宵节猜灯谜是富有民族风格的一种文娱形式，也是上古流传下来的节日习俗，由此，活动策划者可以将元宵灯谜作为活动重点，吸引消费者的注意力，并制订猜谜规则，以奖品作为"助力"，推动消费者积极参与。

　　若活动目的是促销产品，则可与商场合作，只要消费者在商场中当天消费额达到规定范围，且消费产品中需要包含企业指定产品，就可以参与元宵猜灯谜活动，就算猜错了也会有一份纪念品。

　　这样的元宵活动作用，如图 6-5 所示。

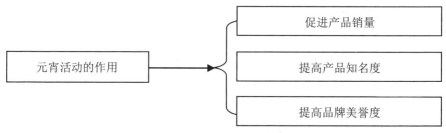

■ 图 6-5　元宵活动的作用

6.1.4 【实战案例】"张灯结彩"元宵节活动策划书

下面就来为商场模拟一份元宵活动策划书,即《"张灯结彩"元宵节活动策划书》,具体如下。

"张灯结彩"元宵节活动策划书

一、前言

元宵节又称灯节,除了是家人坐在一起吃元宵的日子,也是人们挂灯笼、猜灯谜的有趣日子。本次活动就是想要借助元宵节的节日气氛,为活动带来人气,提高产品曝光率,达到产品销售额上涨的目的。

二、活动目的

【撰写指南】:这一块需要直接将活动的主要目的讲出来,让企业管理者在开始阅读策划书时就能判断出此策划书的可实行价值,如图 6-6 所示。

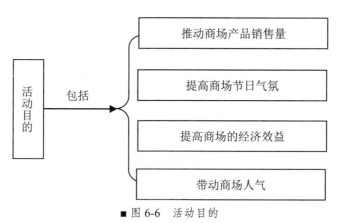

■ 图 6-6　活动目的

三、活动内容

【撰写指南】：这一块就是将活动整体开展内容描述清楚，其中包括活动主题、活动时间、活动地点、活动对象、活动具体内容等，如图6-7所示。

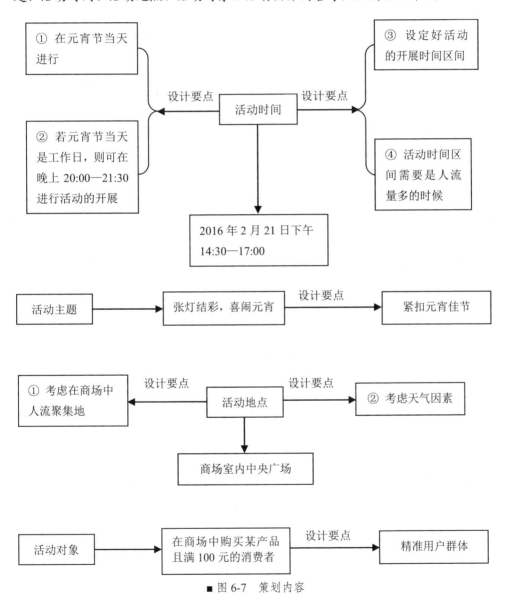

■ 图6-7 策划内容

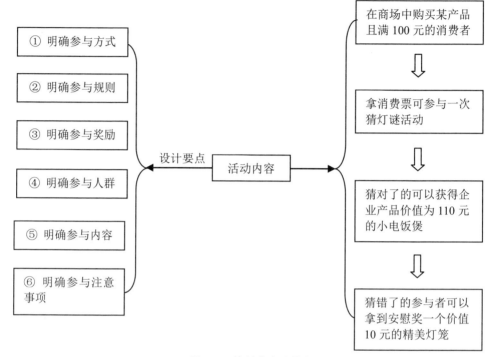

■ 图 6-7 策划内容（续）

四、场地布置

【撰写指南】：这一块需要将活动场地布置要求叙述清楚，如表 6-1 所示。

表 6-1 活动场地布置要求

布置场地	布置要求	辅助工具	负责部门	完成日期
商场室内中央广场	① 摆放两块广告宣传牌 ② 用气球围住活动场地范围 ③ 在场地内挂 50 个灯笼，在灯笼下勾挂上灯谜纸	① 活动音响需要播放喜庆的音乐 ② 准备两个话筒 ③ 一张大长桌放置 50 份礼品和 50 个精美灯笼 ④ 两支笔、一个本子记录获奖者的相关信息	采购部 楼面部 宣传部	2016 年 2 月 21 日上午 8:30—12:00
商场室外中央广场	① 节日电子横幅 1 条 ② 广告宣传牌 3 块，放置在 3 个大门的前面	① 在商场店面中放置宣传单 ② 聘请人发送 500 张宣传单	宣传部	2016 年 2 月 21 日上午 9:00—11:00

五、工作安排

【撰写指南】：这一块需要将活动工作安排叙述清楚，如表6-2所示。

表6-2　活动工作安排表

责任人	时间安排	主要事项
宣传部	2016年2月15—2016年2月21上午8:30—12:00	①负责广告宣传牌、宣传单、电子横幅中宣传内容的制作 ②招聘派单人员，并监督派单进程 ③检查场地装饰布置
楼面部	2016年2月15—2016年2月17上午8:30—12:00	①保证场地清洁度 ②保证活动过程中的安全性 ③做好活动礼品、活动相关工具的采购工作 ④布置场地 ⑤培训活动主持人、活动工作人员
财务部	2016年2月18日	①根据活动情况准备相关发票 ②做好采购预算

六、活动预算

【撰写指南】：这一块需要将活动工作安排叙述清楚，如表6-3所示。

表6-3　活动预算表

活动名称		"张灯结彩"元宵节活动		
活动主题		张灯结彩，喜闹元宵		
用途	项目	单价	数量	总价
前期推广	广告宣传牌	100元/块	5块	500元
	宣传单	2元/张	500张	1 000元
设备租借	话筒	5元/个	2个	10元
	音响	500元/台	2台	1 000元
	桌子	700元/个	1个	700元
布置工具	气球	5元/包	100包	500元
	胶带	2元/个	10个	20元
	猜谜灯笼	3元/盏	50盏	150元
	猜谜纸	1元/沓	5沓	5元
礼品	小电饭煲	110元/台	50台	5 500元
	精美灯笼	10元/盏	100盏	1 000元
聘用人员	派单员	100元/名	10名	1 000元
不可预计的花费				1 615元
总计				13 000元

七、总结

【撰写指南】：这一块需要活动策划者用总结性的话语来表达此次活动能达到活动目的，如图 6-8 所示。

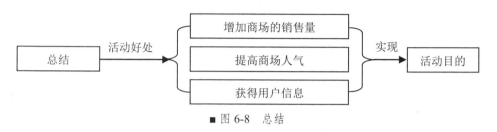

■ 图 6-8　总结

【案例分析】

元宵节活动策划书一般大致相同，通过《"张灯结彩"元宵节活动策划书》就可以发现在元宵节活动策划书中需要具有的元素，如图 6-9 所示。

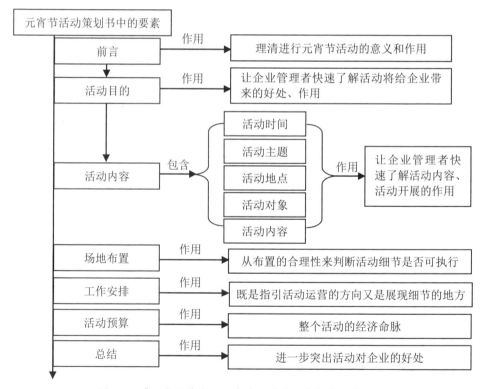

■ 图 6-9　《"张灯结彩"元宵节活动策划书》中的策划要素

6.2 情人节活动策划

对于消费者来说,情人节是小伴侣纪念恋爱的日子,也是向朋友彰显甜蜜的日子,而对于企业来说,情人节就是一个提高品牌知名度、产品人气度以及产品销量的日子。下面就来了解情人节活动策划的相关内容。

6.2.1 情人节活动成功的诀窍

企业在情人节当天都会开展活动,来吸引消费者的注意力,活动策划者需要做的并不是让企业管理者批准自己所策划的情人节活动,而是要在活动中策划出创意,让活动在当天显得与众不同,让人们在事后回味无穷。

策划者在进行情人节活动策划时,需要以发散性思维的姿态进行创意的收罗,如图6-10所示,活动策划者需要将一个创意面细分、扩大、延伸、组合,形成最终创意。

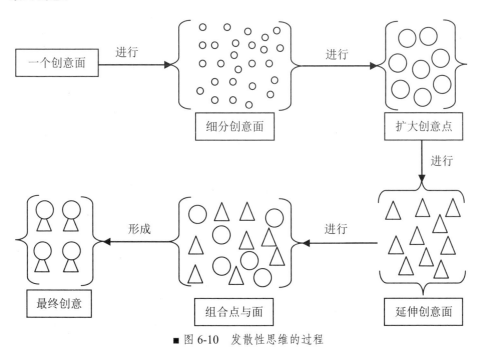

■ 图6-10 发散性思维的过程

> **专家提醒**
>
> 活动策划者在进行发散性思维时，最为重要的就是想象力与理性思维的结合。所谓的理性思维，就是根据市场变动、针对人群的了解把握创意整体走向，只有在这样的基础上想出来的创意，才能为活动增添吸引人的光彩。

6.2.2 策划时需要思考的问题

活动策划者不管是在进行情人节活动策划还是其他活动策划之前，都需要沉下心来问自己八个问题，再进行活动策划书的撰写，才会事半功倍，如图6-11所示。

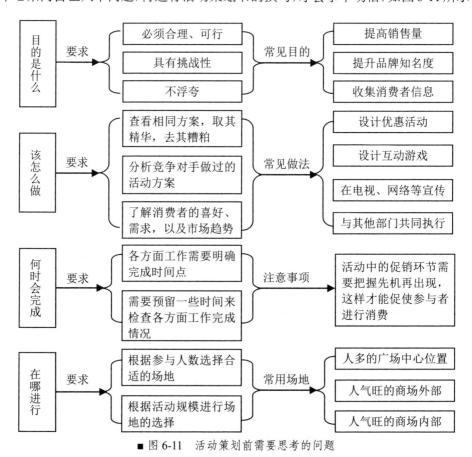

■ 图6-11 活动策划前需要思考的问题

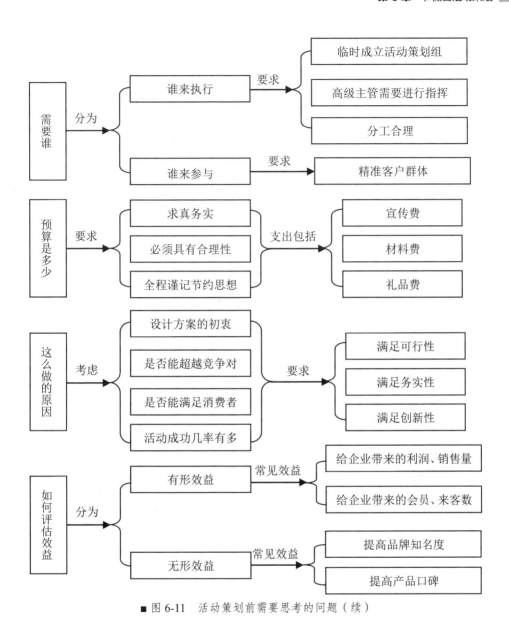

■ 图6-11 活动策划前需要思考的问题（续）

6.2.3 控制活动的整体节奏

活动策划者在进行情人节活动策划的过程中，要考虑活动整体开展节奏的连贯性、合理性，只有这样活动才能在一定程度上调动参与者的情绪。

一般来说，活动策划者可以从两个方面控制活动的整体节奏，如图6-12所示。

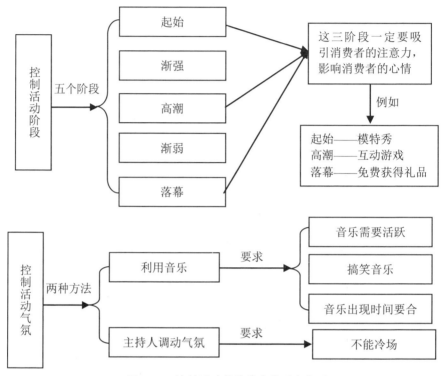

■ 图6-12 控制活动整体节奏的两个方面

> **专家提醒**
>
> 活动气氛主要是从听觉和视觉上来调动的，活跃的音乐、动感的舞者，这样的视听效果能有效地唤起参与者的心理同步，调动参与者的参与感。

6.2.4 【实战案例】"丘比特之箭"情人节活动策划书

下面就来为商场模拟一份情人节活动策划书，即《"丘比特之箭"情人节活动策划书》，具体如下。

"丘比特之箭"情人节活动策划书

一、前言

2016年2月14日情人节就要到了，为了给消费者制造一种甜蜜又有趣的节日气氛，不少商家都会选择在当天开展一些活动。于是为了顺应市场走势，我们决定抓住情人节这个节日契机，开展一次借"丘比特"之名，提高品牌美誉度、产品曝光率的活动。

二、活动目的

【撰写指南】：这一块主要是叙述活动开展的核心目的，只要目的明确，策划活动的后续工作就比较好进行了，如图6-13所示。

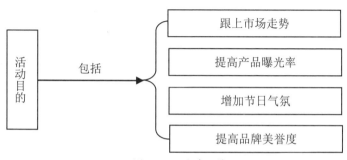

■ 图6-13　活动目的

三、活动时间

【撰写指南】：这一块需要将活动开展时间和结束时间体现出来，让企业管理者大概了解活动时长、活动开展与结束的时间，如图6-14所示。

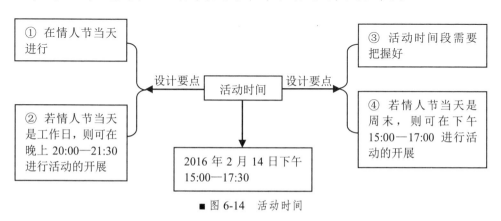

■ 图6-14　活动时间

四、活动主题

【撰写指南】：这一块紧扣策划书的名称，想出宣传语吸引人们的注意力，如图6-15所示。

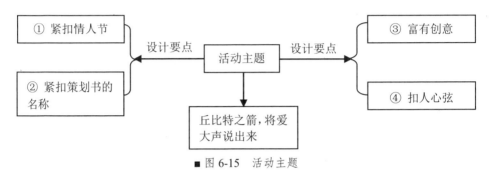

■ 图6-15 活动主题

五、活动地点

【撰写指南】：这一块需要从活动需求气氛、活动规模、活动内容、活动受众来选择活动地点，如图6-16所示。

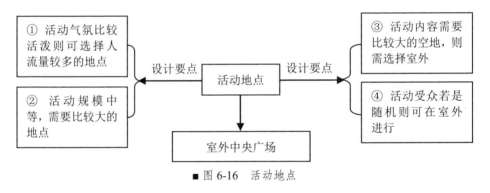

■ 图6-16 活动地点

六、活动对象

【撰写指南】：这一块需要根据活动目的来进行选择，若活动目的在于曝光产品、提高品牌美誉度，则活动对象可随机抽取，若活动目的在于产品销售，则活动对象需要精准产品用户群体，如图6-17所示。

■ 图6-17 活动对象

七、活动流程

【撰写指南】：将活动整体流程表述清楚即可，如表 6-4 所示。

表 6-4　活动流程

	活动时间	内容
活动流程	2016 年 2 月 14 日 15:00—15:20	模特拿着"丘比特之箭"对戒走秀，主持人介绍"丘比特之箭"产品的由来、含义、特点等方面的内容
	2016 年 2 月 14 日 15:30—16:30	情歌对唱：主持人在现场挑选 5～15 对情侣，进行带有"爱"字的歌词接龙，筛选 4 对接龙最大的情侣
	2016 年 2 月 14 日 16:31—17:00	射箭：情侣们先讲出自己与对方认识的情境，然后情侣们一起进行射箭，每人射 20 箭，挑选箭靶上最多箭的两对情侣
	2016 年 2 月 14 日 17:01—17:15	默契大考验大声说爱：两对情侣 PK，说出彼此间最浪漫的时刻，选择默契高的那一对作为第一名，颁奖
	2016 年 2 月 14 日 17:16—17:30	主持人让现场观众在 17:30 之前扫描二维码，关注企业公众号，即可赠送精美说爱瓶

八、场地布置

【撰写指南】：这一块需要将活动场地布置叙述清楚，届时就能直接安排场地的布置工作了，如表 6-5 所示。

表 6-5　场地布置

布置场地	布置要求	辅助工具	负责部门	完成日期
室外中央广场	① 搭建一个舞台 ② 舞台上放一个大的广告横幅	① 2 个大的音响 ② 4 个话筒 ③ 2 个箭靶、45 支箭 ④ 印上企业公众二维码的卡片 10 张	采购部 宣传部	2016 年 2 月 14 日下午 13:00—14:30

九、工作安排

【撰写指南】：将工作安排到合适的部门中去，且需要将完成的时间叙述清楚，如表 6-6 所示。

表6-6 活动工作安排表

责　任　人	时　间　安　排	主　要　事　项
采购部	2016年2月9日—2016年2月13日下午17:00之前	① 租借舞台 ② 打印广告横幅 ③ 租借2个音响 ④ 租借4个话筒 ⑤ 购买2个箭靶、45支箭 ⑥ 购买复印二维码的10张卡片 ⑦ 购买精美说爱瓶100个
宣传部	2016年2月8日—2016年2月14日上午12:00之前	① 负责广告横幅的制作 ② 负责工作二维码的制作 ③ 培训活动主持人、活动工作人员
人事部	2016年2月9日—2016年2月13日	招聘6名模特，男女各3名
财务部	2016年2月8日	① 根据活动情况准备相关发票 ② 做好采购预算

十、活动预算

【撰写指南】：这一块需要将活动预算合理地、详细地、实事求是地制作出来，如表6-7所示。

表6-7 活动预算表

活动名称	"丘比特之箭"情人节活动策划书			
活动主题	丘比特之箭，将爱大声说出来			
用　　途	项　　目	单　　价	数　　量	总　　价
宣传	广告横幅	100元/块	1块	100元
	二维码卡片	2元/块	10块	20元
设备租借	话筒	5元/个	4个	20元
	音响	500元/台	2台	1 000元
	舞台	600元/个	1个	600元
游戏工具	箭靶	5元/个	2个	10元
游戏工具	箭	1元/支	45支	45元
礼品	"丘比特之箭"对戒	5 000元/对	1对	5 000元
	精美说爱瓶	1元/个	100个	100元
聘用人员	模特	300元/名	6名	1 800元
不可预计花费				305元
总计				9 000元

十一、效益评估

此次活动以互动游戏的方式,将新产品"丘比特之箭"对戒展现在情侣面前,让情侣在参与活动的过程中,对"丘比特之箭"对戒有一定的了解,又以礼物的方式出现在情侣们的面前,在情侣们的心中形成了"亲民"的良好形象,对产品的知名度、品牌的美誉度有了很大的提升。

【案例分析】

情人节活动策划书一般大致相同,通过《"丘比特之箭"情人节活动策划书》就可以发现在情人节活动策划书中需要具有的元素,如图6-18所示。

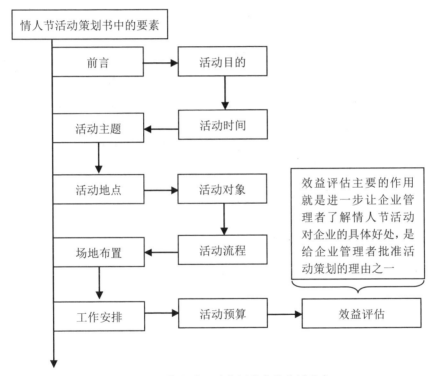

■ 图6-18　情人节活动策划书中的策划要素

第 7 章

促销活动策划

学前提示

促销活动一直都是企业所热捧的营销方式，它相比其他类型的活动较为容易让企业提高产品销量，而销量的提高对于企业来说，是增加收益的渠道之一。

由此可知，促销活动对于企业来说是比较重要的营销手段，本章将仔细讲解促销活动相关内容。

要点展示

线上促销活动策划

线下促销活动策划

7.1 线上促销活动策划

所谓的线上促销活动是指在互联网上所进行的促销活动，一般在购物平台上比较常见。下面就来了解线上促销活动策划的相关内容。

7.1.1 线上促销活动成功的诀窍

活动策划者若想成功地策划、开展一个好的促销活动，就必须要掌握三种诀窍，如图 7-1 所示。

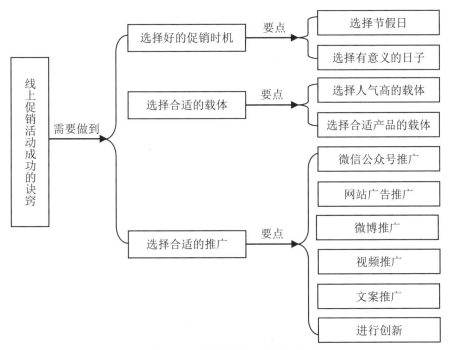

■ 图 7-1　线上促销活动成功的诀窍

7.1.2 线上促销活动推广的方式

随着互联网的发展，种类繁多的线上推广方式也顺势崛起，对于活动策划者来说，选择一个合适的活动推广方式，就是对活动可执行力的一种保障。下面就来了解三种线上促销活动常用的推广方式。

1. 微信公众号推广

一般来说，消费者只会对某企业、产品感兴趣才会长久关注此企业的微信公众号，这就说明企业微信公众号所面对的人群几乎都是忠实用户和潜在用户，若企业在微信公众号中推广活动，定能引起不少人群的兴趣。

而在微信公众号中推广促销活动时，需要掌握六大要素，如图 7-2 所示。

■ 图 7-2 微信公众号推广促销活动的要素

例如，某快餐企业就是将微信公众号推广促销活动的要素都展现出来了，才会引起很多消费者的支持，如图 7-3 所示。

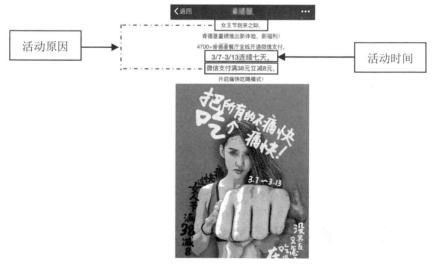

■ 图 7-3 某快餐企业促销活动微信公众号推广

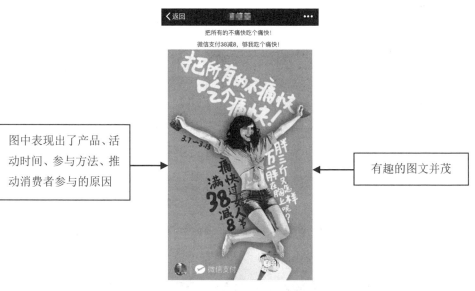
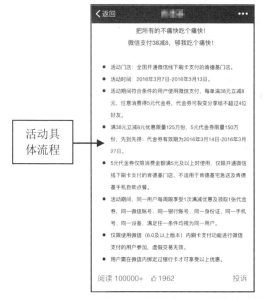
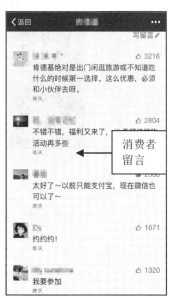

■ 图 7-3 某快餐企业促销活动微信公众号推广（续）

2．网站广告推广

线上促销活动若想进行网站广告推广，就需要注意两大要素，如图 7-4 所示。

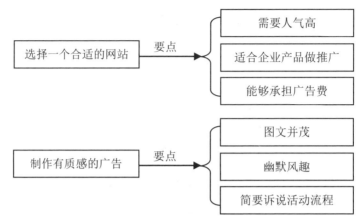

■ 图 7-4　进行网站广告推广需要注意的两大要素

例如，天猫在自己的官网上举办"天猫女王节"活动，如图 7-5 所示。

■ 图 7-5　"天猫女王节"活动

3. 微博推广

微博是一个造就热点时事的地方，也是人们在休闲时喜欢在网上逗留的平台，由此，活动策划者一定不能放过每月能聚集 2.36 亿活跃用户的微博平台了。一般来说，促销活动若想进行微博推广，则需要掌握几大要素，如图 7-6 所示。

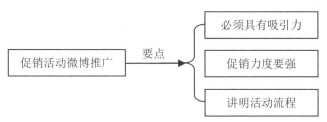

■ 图 7-6　促销活动微博推广的要点

例如，某官方微博就发布了一则"把乐事带回家"的活动，其吸引效果非常不错，如图 7-7 所示。

■ 图 7-7　利用微博推广活动

> **专家提醒**
>
> 所谓的促销活动，就是利用产品降价或赠送礼品的方式，在短时间内达成销售。

7.1.3 选择线上促销活动的时机

促销活动的开展时间并不是随心所欲地进行选择，而是需要找准合适的时机，这样才有事半功倍的效果，且促销活动不要开展得太频繁了，不然消费者会认为企业不管怎样做促销活动，都不会亏本或者认为企业不做促销活动时是故意抬高价格，这对企业声誉来说，是备受影响的。

那么对于线上促销活动来说何时才算好时机呢？如表 7-1 所示。

表 7-1 适合开展促销活动的好时机

时 机	当 日 时 间	开 展 时 间
春节	阴历正月初一	一般在春节前 5 天内进行促销活动即可
元宵节	农历正月十五	
母亲节	每年阳历 5 月第二个星期日	前 3 天包括当天在内共 4 天的任意时刻进行活动的开展
儿童节	阳历 6 月 1 日	
端午节	农历五月初五	前后 2 天包括当天在内共 5 天的任意时刻进行活动的开展
父亲节	每年阳历 6 月第三个星期日	前 3 天包括当天在内共 4 天的任意时刻进行活动的开展
七夕情人节	农历七月初七	
教师节	阳历 9 月 10 日	
中秋节	农历八月十五	前后 2 天包括当天在内共 5 天的任意时刻进行活动的开展
国庆节	阳历 10 月 1 日	前 2 天、后 6 天包括当天在内共 9 天的任意时刻进行活动的开展
元旦	阳历 1 月 1 日	前后 2 天包括当天在内共 5 天的任意时刻进行活动的开展
天猫女王节	阳历 3 月 7 日	当天的前后 2 天内开展活动
妇女节	阳历 3 月 8 日	
劳动节	阳历 5 月 1 日	前后 2 天包括当天在内共 5 天的任意时刻进行互动的开展

续表

时机	当日时间	开展时间
双十一	阳历11月11日	前5天包括当天在内共6天的任意时刻进行互动的开展
双十二	阳历12月12日	
平安夜	阳历12月24日	前4天包括当天在内共5天的任意时刻进行互动的开展
圣诞节	阳历12月25日	
开学季	阳历3月1日和9月1日	在开学的前10天内进行活动的开展
换季	每年四季更换日	在换季的前10天内进行活动的开展
西方情人节	阳历2月14日	前3天包括当天在内共4天的任意时刻进行活动的开展
周年庆	根据企业周年时机判定	

活动节日时长根据企业经济能力、需求来确定。

7.1.4 【实战案例】"天猫女王节"线上促销活动策划书

下面就以天猫官网上的某旗舰店为例,模拟一份线上促销活动策划书,即《"天猫女王节"线上促销活动策划书》,具体如下。

"天猫女王节"线上促销活动策划书

一、前言

"天猫女王节"其实是天猫商城借助2016年3月8日妇女节的活动气氛,从3月3日—3月5日进行预热,3月6日—3月8日正式开启活动,这对于天猫店铺来说是一个进行促销活动的契机,更是提高店铺产品销量的渠道之一。

二、活动目的

【撰写指南】:这一块需要直接将进行"天猫女王节"活动目的讲出来,让企业管理者快速了解此活动的执行价值,如图7-8所示。

三、活动时间

【撰写指南】:此内容分为两个部分,即预售期和开售期,如图7-9所示。

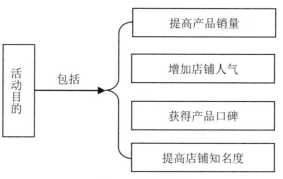

■ 图7-8 活动目的

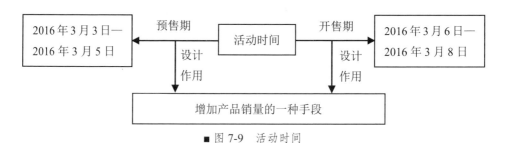

■ 图7-9 活动时间

专家提醒

活动节日时长根据企业经济能力、需求来确定。

四、活动主题

【撰写指南】：活动主题需要具有特色，就像宣传语一样能勾人心弦，如图7-10所示。

■ 图7-10 活动主题

五、活动对象

【撰写指南】：选择产品面向人群，如图7-11所示。

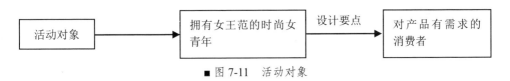

■ 图 7-11 活动对象

六、活动地点

【撰写指南】：需要选择人气旺的、适合企业产品推广的互联网载体，如图 7-12 所示。

■ 图 7-12 活动地点

七、促销力度

【撰写指南】：将促销活动的力度讲清楚，如图 7-13 所示。

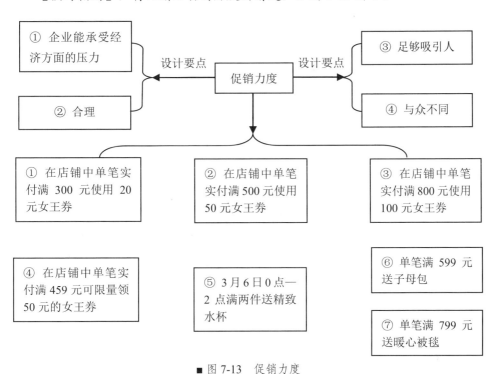

■ 图 7-13 促销力度

八、参与方式

【撰写指南】：将消费者参与活动的方式表达清楚，这一部分也属于活动流程，如图 7-14 所示。

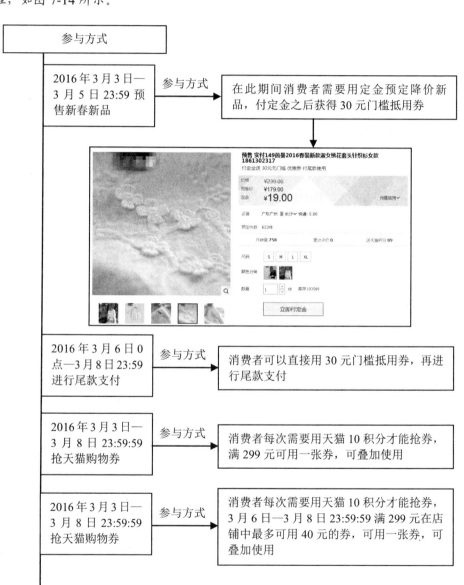

■ 图 7-14　参与方式

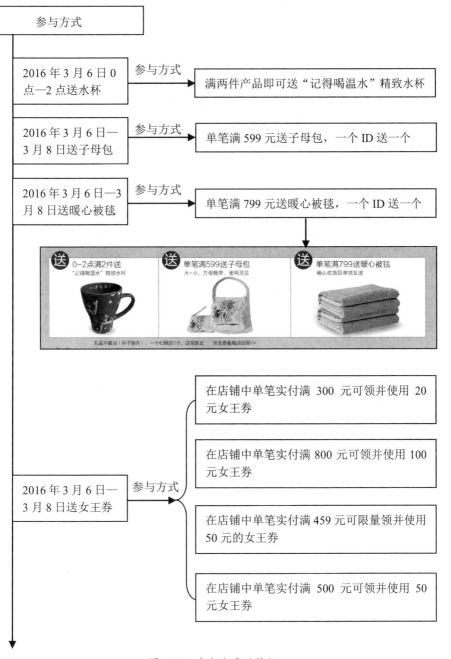

■ 图 7-14　参与方式（续）

九、宣传方式

【撰写指南】：在"天猫女王节"的女王衣橱的活动页面中靠前位置，这样消费者才能一眼看到自己店铺的相关内容，如图7-15所示。

■ 图7-15　宣传方式

> 专家提醒
>
> 活动策划者需要根据企业经济情况来选择合适的宣传手段。

除此之外，还需将店铺首页装修成与"天猫女王节"气氛相符的风格，然后将活动力度也体现在首页上，如图7-16所示。

■ 图7-16　店铺装修风格

十、工作安排

【撰写指南】：线上促销活动与其他活动相比，其工作安排涉及面比较少一些，主要是从产品库存、店铺装修等方面进行考量，如表7-2所示。

表7-2 活动工作安排表

责任人	时间安排	主要事项
生产部	2016年3月3日—2016年3月5日22:00之前	产品库存每件产品约600件
美工部	2016年2月27日—2016年3月3日之前	将店铺整体风格改成与"天猫女王节"相符的内容
客服部	2016年2月29日—2016年3月8日	① 模拟出消费者可能会问的问题，并进行回答 ② 培训客服 ③ 在活动期间及时回复消费者的问题

十一、活动预算

【撰写指南】：线上促销活动与其他活动相比，其工作安排涉及面比较少一些，主要是从产品库存、店铺装修等方面进行考量，如表7-3所示。

表7-3 活动预算表

活动名称	"天猫女王节"线上促销活动			
活动主题	紧扣精准消费者的需求、痛点以及紧扣名称			
用途	项目	单价	数量	总价
前期推广	女王衣橱的活动页面中靠前位置	10 000元/天	6天	60 000元
礼品	"记得喝温水"精致水杯	10元/个	1 000个	10 000元
	子母包	30元/对	800对	24 000元
	暖心被毯	50元/个	600个	30 000元
不可预计花费				60 000元
总计				184 000元

十二、效益评估

此次活动以促销的形式调动消费者的购买心理，主要提高了新春产品的销量，且增强了产品口碑以及品牌知名度。

【案例分析】

线上促销活动策划书一般大致相同，通过《"天猫女王节"线上促销活动策划书》就可以发现在线上促销活动策划书中需要具有的元素，如图 7-17 所示。

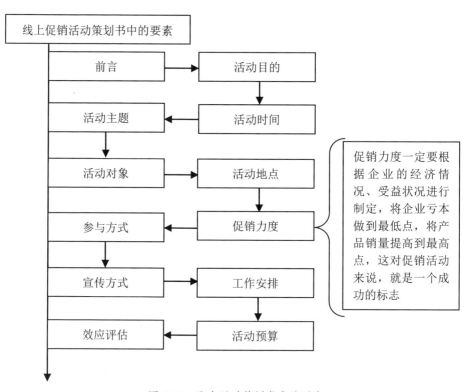

■ 图 7-17　线上活动策划书中的要素

7.2　线下促销活动策划

对于传统企业来说，线下促销活动是一种对提高产品销量非常有效的一种营销方式。下面就来了解线下促销活动的相关内容。

7.2.1　线下促销活动成功的诀窍

线下促销活动与线上促销活动一样，也需要从节假日、周年庆等方面把握活动时机，活动内容在进行策划的过程中也需要活动策划者具有发散性思维的能力，除此之外，线下促销活动的策划还需要从消费者入手，以消费者为核心，才能策划出一个容易吸引消费者注意力的促销活动。

最为主要的要点就是消费者的心理需求，一般来说，消费者是期待促销活动，他们也都知道在节假日时期各大企业都会做一些促销活动，这已经成为了消费者的消费心理。

由此，活动策划者需要从两个方面入手，来构成线下促销活动的整体思路，如图 7-18 所示。

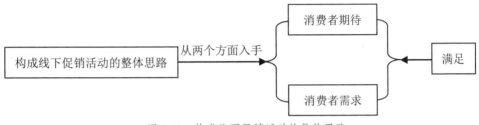

■ 图 7-18　构成线下促销活动的整体思路

7.2.2　线下促销活动运营的策略

对于消费者来说，促销活动是否吸引他们，取决于两个方面，如图 7-19 所示。

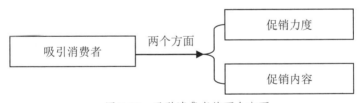

■ 图 7-19　吸引消费者的两个方面

那么，活动策划者要怎样才能将促销力度和促销内容做到消费者满意呢？那就需要活动策划者在线下促销活动运营的过程中实行两大策略，如图 7-20 所示。

7.2.3　线下促销活动常见的方式

下面就来了解线下促销活动常见的方式，如图 7-21 所示。

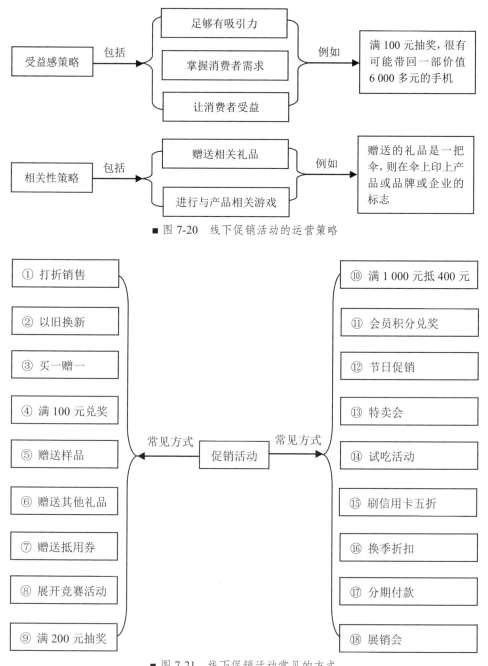

■ 图 7-20 线下促销活动的运营策略

■ 图 7-21 线下促销活动常见的方式

7.2.4 【实战案例】"你扫满我就送"线下促销活动策划书

下面就来为某火锅店模拟一份线下促销活动策划书,即《"你扫满我就送"线下促销活动策划书》,具体如下。

"你扫满我就送"线下促销活动策划书

一、前言

随着小屏时代的发展,微信会员卡备受消费者的喜欢,我店也顺应市场趋势推出微信会员卡,因刚推出使用者比较少,于是决定以 2016 年 11 月 30 日我店 10 年周庆作为契机,开展"你扫满我就送"的线下促销活动。

二、活动目的

【撰写指南】:促销活动的目的当然还是以促销为主,但要记住,一个活动的活动目的并不只有一个,而是有多个的,只是只有一个为最为主要的目的、活动核心,活动策划者需要将活动目的以主次的形式从前往后叙述出来,如图 7-22 所示。

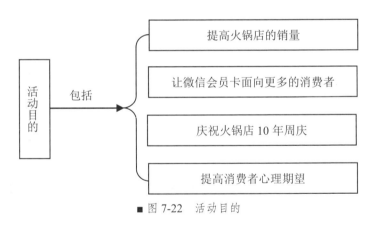

■ 图 7-22 活动目的

三、活动时间

【撰写指南】:若想将微信会员卡推向大范围的消费人群,就需要较长时间才能得以实现,由此活动时间绝对不能一两天就结束了,不然既不能提高销量,又不能扩散微信会员卡,最好是维持一个月,这样效果才能突显出来,如图 7-23 所示。

■ 图 7-23　活动时间

四、活动主题

【撰写指南】：这一块紧扣促销活动和周年庆，如图 7-24 所示。

■ 图 7-24　活动主题

五、活动地点

【撰写指南】：根据活动主题选择活动地点的开展，如图 7-25 所示。

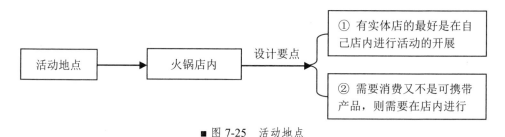

■ 图 7-25　活动地点

六、活动对象

精准消费者即可，即火锅店到店消费群体。

七、活动流程

【撰写指南】：这类活动的流程一般都不会很复杂，简要说明即可，如图 7-26 所示。

八、场地布置

在店面门口放置一快竖型的广告牌，每张桌子上放一个小版的活动宣传。

九、工作安排

【撰写指南】：将工作安排到合适的管理者手上，如表 7-4 所示。

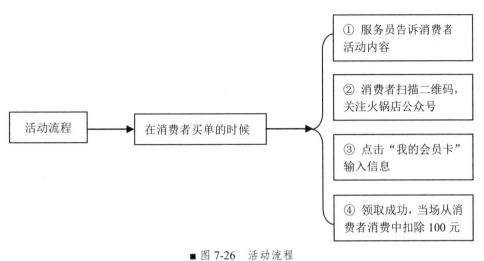

■ 图 7-26　活动流程

表 7-4　活动工作安排表

责任人	时间安排	主要事项
厨师长	2016年10月29日—2016年11月30日上午9:30之前	每天都需要采购当天需要的食材，保证新鲜且不浪费
店面经理	2016年2月26日—2016年2月29日	① 培训服务员，告诉他们活动内容，且教他们怎样跟消费者传递活动的话术 ② 安排人去制作广告牌和活动宣传牌

十、活动预算

【撰写指南】：将活动中所有花费计算清楚，如表 7-5 所示。

表 7-5　活动预算表

用途	项目	单价	数量	总价
活动名称	"你扫满我就送"线下促销活动策划书			
活动主题	10年周庆你敢扫微信、满300我就敢送100			
宣传	大广告牌	100元/块	1块	100元
	小活动宣传牌	5元/个	40个	200元
赠送的100元，是在利润之内的，可不计需花费预算				
不可预计花费				100元
总计				400元

十一、效益评估

此次活动以"满 300 送 100"的促销方式,看似利润不大,但随着活动时间的推移,其中的效益就会突显出来,平均每天销量会是以前的 2 倍,利润也随之提高,并且也将微信会员卡推广了出去,节约了制作会员卡的成本。

【案例分析】

线下促销活动策划书一般大致相同,通过《"你扫满我就送"线下促销活动策划书》就可以发现,促销活动并不是一种让企业会亏损的活动方式,反而有很多好处,具体如下。

- 提高产品销量。
- 增加店铺人气。
- 提高品牌口碑。
- 提升消费者体验。
- 减少消费者某方面的成本。

虽然活动策划书中的元素大致相同,可是元素内容还是有一定区别的,如图 7-27 所示。

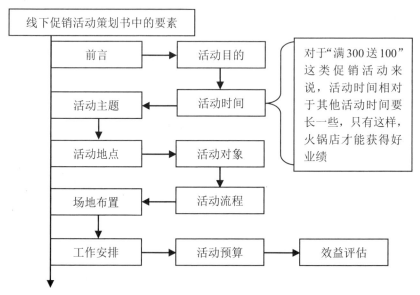

■ 图 7-27 《"你扫满我就送"线下促销活动策划书》中的策划要素

第8章

会展活动策划

学前提示

所谓会展活动是指在某个空间范围内,围绕一个主题而开展的社会交流活动。其中包括文化主题活动、展览主题活动、节庆主题活动等。本章即将讲述会展活动的相关内容。

要点展示

文化主题活动策划
展览主题活动策划

8.1 文化主题活动策划

所谓的文化主题活动是指以某一文化为主题,围绕这一文化的特点、历史等方面的内容,进而宣传文化。下面就来了解策划文化主题活动的相关内容。

8.1.1 文化主题活动成功的诀窍

文化主题活动是否能引起人们的注意,重点在于活动的宣传,若前期活动宣传做得好,那么在活动当天定然会受到广大媒体的关注。

一般对富有文化底蕴的活动来说,尽量选择比较具有权威的宣传方式,这样才能让人们觉得更加真实、可信。若活动经费足够,则可以联系新闻媒体,借他们之手来宣传文化主题活动。如图8-1所示为湖南省森林植物园举办主题的世界名花生态文化节的新闻宣传。

■ 图8-1　湖南省森林植物园举办世界名花生态文化节的新闻宣传

若活动经费不足够,活动策划者可以用撰写软文的方式在网络上进行活动的宣传工作,值得注意的是,活动策划者在撰写软文时,需要以新闻的口吻来描述活动,这样才能为文章增添一些权威色彩,让人们产生信任感。

简单来说,活动策划者在撰写活动软文时,需要站在媒体的角度,以第三方的角度来报道活动相关内容,在非专业人士难以辨别的正规新闻格式中宣传活动。

那么,新闻稿的格式是怎样的呢?如图8-2所示。

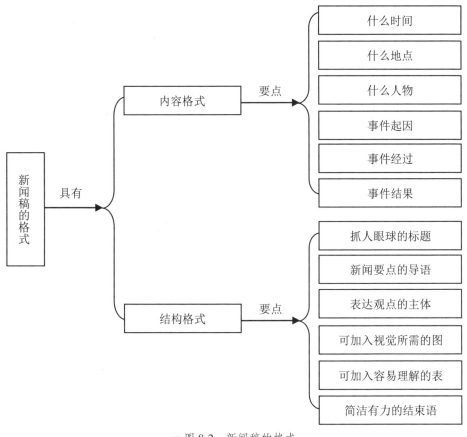

■ 图8-2 新闻稿的格式

专家提醒

对于文化主题活动策划来说,创意也是促成成功的因素之一,一个富有创意的文化主题活动能大大地提高对受众的吸引力。值得注意的是,活动策划者需要将一个抽象的点转化为一个新思路、新形象。

8.1.2 文化主题活动的类型

活动策划者在进行文化主题活动之前，需要选择一个与活动策划目的相近的活动类型，这样才能保证文化主题活动不会偏离轨道，从而成为一个有价值的活动。下面就来了解文化主题活动的类型，如图 8-3 所示。

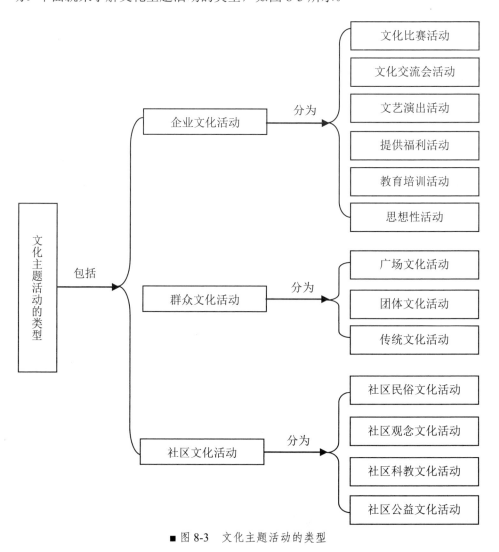

■ 图 8-3 文化主题活动的类型

8.1.3 文化主题活动的注意事项

活动策划者在进行文化主题活动策划的过程中，千万不要不注意细节问题，要知道细节决定成败，文化主题活动可能因为一个细小的问题而获得举办不成功的境地那就得不偿失了。

下面就来了解活动策划者在进行文化主题活动策划的过程中应该注意哪些事项，如图8-4所示。

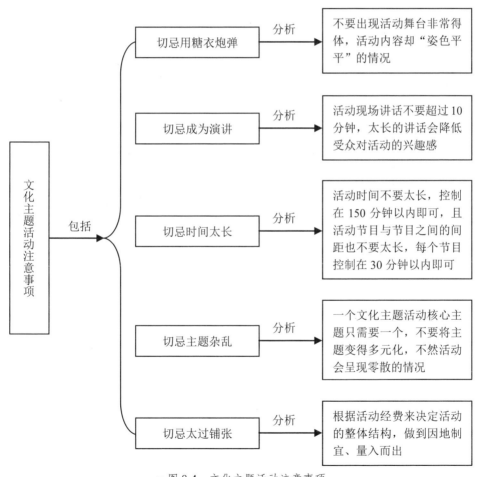

■ 图8-4 文化主题活动注意事项

8.1.4 【实战案例】茶文化主题活动策划书

下面就以茶文化为例，模拟一份文化主题活动策划书，即《茶文化主题活动策划书》，具体如下。

茶文化主题活动策划书

一、前言

【撰写指南】：这一块主要从文化起源、推动文化开展的原因，以及文化活动宣传的成功案例来进行撰写。如图 8-5 所示为茶文化主题活动策划书中的前言。

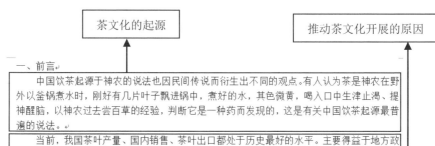

■ 图 8-5　前言

二、活动主题

【撰写指南】：关于文化方面的主题最好用富有诗意的词藻将文化韵味烘托出来，但还是不要太过深奥，至少要让人们明白主题的意思即可。如图 8-6 所示为茶文化主题活动策划书中的活动主题。

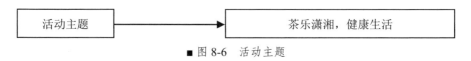

■ 图 8-6　活动主题

三、活动目的

【撰写指南】：文化主题活动的活动目的需要与活动主题相符。如图 8-7 所示为茶文化主题活动策划书中的活动目的。

■ 图 8-7　活动目的

四、活动时间

【撰写指南】：文化主题活动的开展时间，选择在文化相关的昌盛时期。如图 8-8 所示为茶文化主题活动策划书中的活动时间。

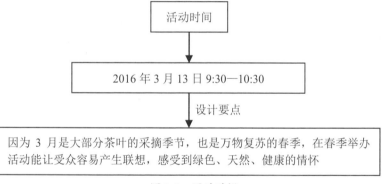

■ 图 8-8　活动时间

五、活动地点

【撰写指南】：关于文化方面的内容可以选择人多的地方，像社区、学校这一类的人群聚集地是最容易给活动带来关注度的。如图 8-9 所示为茶文化主题活动策划书中的活动地点。

■ 图 8-9　活动地点

六、活动受众

【撰写指南】：一般来说，文化主题活动的活动受众几乎以大众地位，或者是根据地理环境来精准受众的。如图8-10所示为茶文化主题活动策划书中的活动受众。

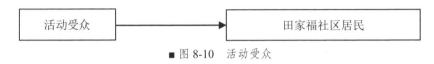

■ 图8-10 活动受众

七、活动内容

【撰写指南】：活动策划者需要根据活动的目的和主题来进行活动内容的策划，这样才不会给人们"华而不实之感"，提高了活动的成功率。如图8-11所示为茶文化主题活动策划书中的活动内容。

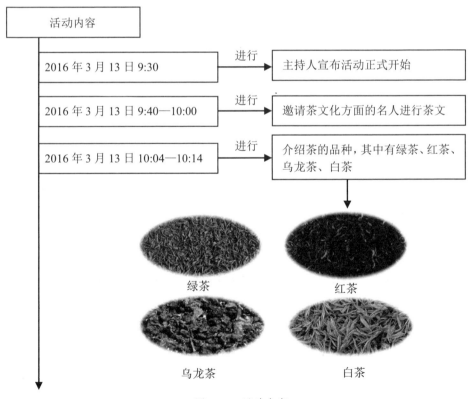

■ 图8-11 活动内容

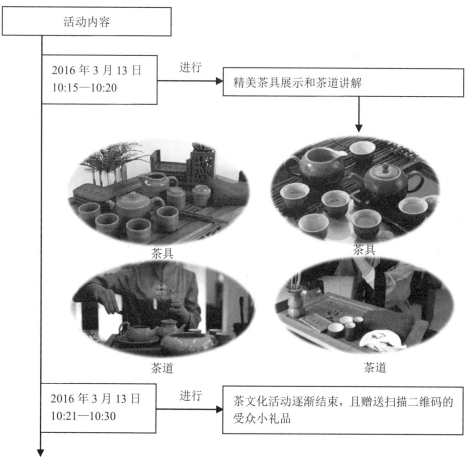

■ 图 8-11　活动内容（续）

八、宣传方式

【撰写指南】：活动策划者需要根据活动经费且以节省、有价值的核心挑选活动宣传方法。如图 8-12 所示为茶文化主题活动策划书中的活动宣传方式。

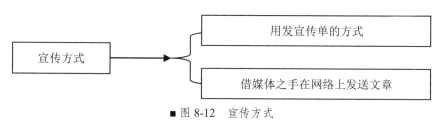

■ 图 8-12　宣传方式

九、工作安排

【撰写指南】：将工作安排到合适的管理者手上，如表 8-1 所示。

表 8-1　活动工作安排表

责 任 人	时 间 安 排	主 要 事 项
活动宣传部	2016 年 3 月 5 日—2016 年 3 月 10 日	联系各大品牌，赢得赞助先机
活动采购部	2016 年 3 月 6 日—2016 年 3 月 10 日	采购活动所有需要用的产品
活动宣传部	2016 年 3 月 10 日—2016 年 3 月 13 日 9:25 之前	① 制作宣传单 ② 在社区中发传单 ③ 各大人流多的地方发传单 ④ 联系媒体进行相关报道
活动人事部	2016 年 3 月 10 日—2016 年 3 月 13 日 9:20 之前	① 培训主持人 ② 查看各环节的准备情况

十、活动预算

【撰写指南】：将活动中所有花费计算清楚，如表 8-2 所示为茶文化主题活动策划书中的活动预算。

表 8-2　活动预算

活动名称	茶文化主题活动策划书			
活动主题	茶乐潇湘，健康生活			
用　途	项　目	单　价	数　量	总　价
奖品	茶	无	50 份	茶叶品牌赞助商赞助
场地租用	田家福社区中心空地为主	100 元 / 小时	1 小时	100 元
大桌子	放茶	50 元 / 个	2 个	100 元
小桌子 + 椅子	放茶具	30 元 / 对	4 对	120 元
茶具	茶具	无	4 份	茶叶品牌赞助商赞助
宣传	宣传单	5 元 / 张	1 000 张	5 000 元
	新闻媒体	100 元 / 篇	20 篇	2 000 元
不可预计花费				680 元
总结				8 000 元

【案例分析】

文化主题活动策划书一般大致相同，通过《茶文化主题活动策划书》就可以发现在文化主题活动策划书中需要具有的元素，如图 8-13 所示。

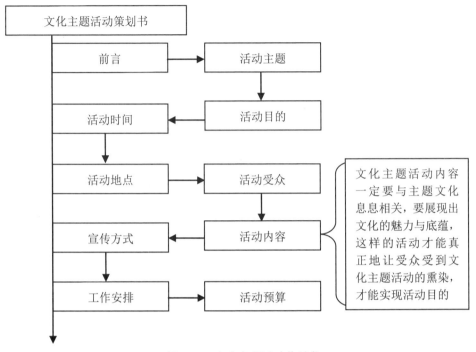

■ 图 8-13 文化主题活动策划书

8.2 展览主题活动策划

展览主题活动是随着社会三个方面而产生发展的会展活动，如图 8-14 所示。

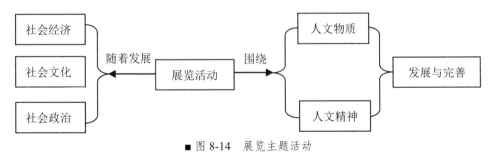

■ 图 8-14 展览主题活动

8.2.1 展览主题活动成功的诀窍

展览主题活动成功的诀窍就是主题要唯一，要让整个展览主题活动与活动主题高度的契合，只有这样展览主题活动才能受到大众的喜欢。除此之外，展览中的内容才是展览主题活动的重中之重，一个好的展览内容就是一个吸睛点，也就是活动策划者的成功作品，那么展览主题活动内容需要具有哪些因素才能成为人们感兴趣的内容，如图 8-15 所示。

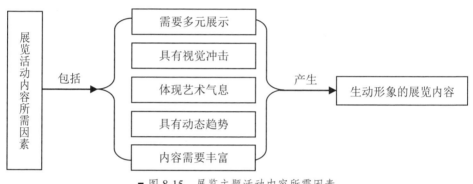

■ 图 8-15　展览主题活动内容所需因素

8.2.2 展览主题活动需要市场调研

活动策划者在进行展览主题活动策划之前，需要进行市场调研，特别是对于那些初出茅庐的活动策划新手来说，若不进行市场调研，则会出现三大问题，如图 8-16 所示。

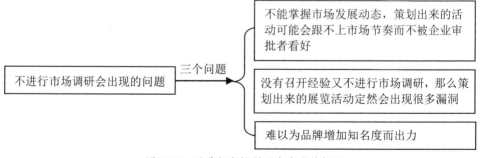

■ 图 8-16　不进行市场调研会出现的问题

不管是活动策划新手还是活动策划专员在进行展览主题活动策划之前,都需要进行市场调研,只有这样才能了解自己策划的主题是否可行、进行的方式如何。

8.2.3 展览主题活动地点的选择

活动策划者在策划展览主题活动时,需要选择一个最佳地点,若地点都不尽如人意,那再好的活动内容也难以平复受众对活动地点的不满,甚至会让受众做出不去参加展览活动的决定,由此,展览注意活动地点的选择是需要活动策划者多加上心的。下面就来了解活动策划者在进行活动策划时,应该按照怎样的标准选择活动地点,如图8-17所示。

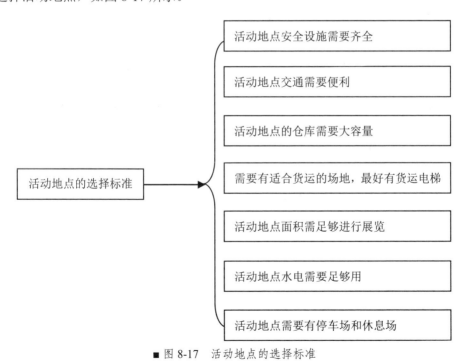

■ 图8-17 活动地点的选择标准

8.2.4 【实战案例】国际汽车展览活动策划书

下面就以国际车展为例,模拟一份以展览汽车为主题的展览活动策划书,即《国际汽车展览活动策划书》,具体如下。

国际汽车展览活动策划书

一、前言

汽车国际展览会是经济全球化下的产物,它不仅促进了国际汽车之间的感情,还能提高各自的知名度以及销售量,并且还能以展览汽车商品的方式,让消费者更加了解汽车,让汽车品牌商家能充分了解竞争对手的产品信息且产生无限商机。

二、活动目的

让消费者更加了解汽车,提高国际汽车品牌之间的交流,提高汽车品牌的知名度、销量。

三、活动主题

"展商售车、车迷赏车、市民购车"

四、活动时间

2016年9月29日—2016年10月3日

五、活动地点

【撰写指南】:根据活动主题来选择活动地点,像以展览汽车为主题的活动,就需要活动地点能容下数十辆汽车的面积。如图8-18所示为国际汽车展览活动策划书中的活动地点。

六、活动内容

【撰写指南】:围绕活动主题进行内容的设定,如图8-19所示为国际汽车展览活动策划书中的活动内容。

> **专家提醒**
>
> 前面所讲的活动内容不是国际汽车展览活动的所有活动内容,且没有描述仔细,这里只是稍微将内容提出来了,由此,活动策划者在做活动内容时,一定要将开展的时间、开展的内容都描述得清清楚楚,只有这样审批者才能了解到活动中的所有内容。

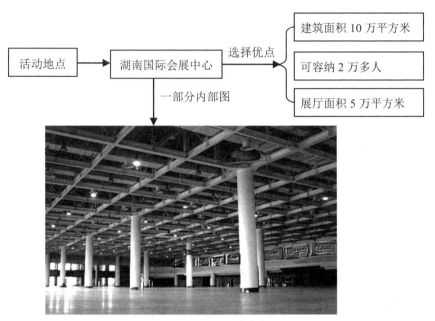

■ 图 8-18　活动地点

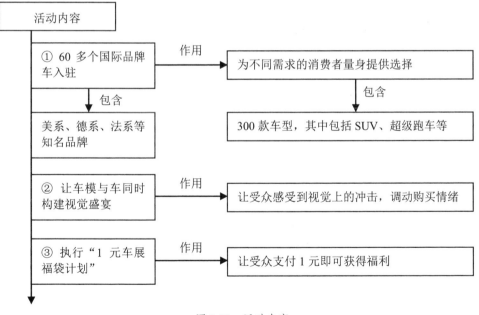

■ 图 8-19　活动内容

七、活动对象

新闻媒体、爱好车的发烧友、想要购买车的消费者。

八、场地布置

在场地上布置300个汽车展台,围绕每一辆汽车的风格进行不同的场地布置,这一部分交给自己完成,毕竟自己的品牌自己才是最了解的。

九、工作安排

【撰写指南】:将工作安排到合适的管理者手上,如表8-3所示。

表8-3 活动工作安排表

责任人	时间安排	主要事项
采购部	2016年9月10日—2016年9月18日	① 租赁场地 ② 租赁汽车展台
宣传部	2016年9月13日—2016年10月3日	① 联系入驻品牌 ② 联系新闻媒体进行文章宣传

十、活动宣传

将重点放在互联网上,利用在互联网上发布活动新闻以及在线下发送宣传单,进行微信1元抢购入门票抽奖活动,来调动人们参加。如图8-20所示为国际汽车展览活动策划书中的互联网活动新闻宣传。

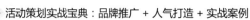

■ 图8-20 活动宣传

Chapter 8 第8章 会展活动策划

> 近60个品牌入驻 选购一条龙
>
> 本届长沙国际车展预计展出面积5万平米,云集全球约60个主流汽车品牌,包括欧美系、德系、法系、日系、韩系及自主等多国知名汽车品牌,展出约300款热销车型,涵盖家轿、商务车、SUV、MPV、房车、旅行车、超跑等车型,更有近年持续受到国家补贴支持的热门新能源车亮相现场,以充分满足车友不同的购车需求,市民选车、购车一站式尊享,省时省力省心。

■ 图8-20 活动宣传(续)

十一、活动预算

【撰写指南】:将所有需要花费都清楚列出来即可,下面就不举出国际汽车展览活动策划书中的活动预算。

【案例分析】

展览主题活动策划书一般大致相同,通过《国际汽车展览活动策划书》就可以发现在展览主题活动策划书中需要具有的元素,如图8-21所示。

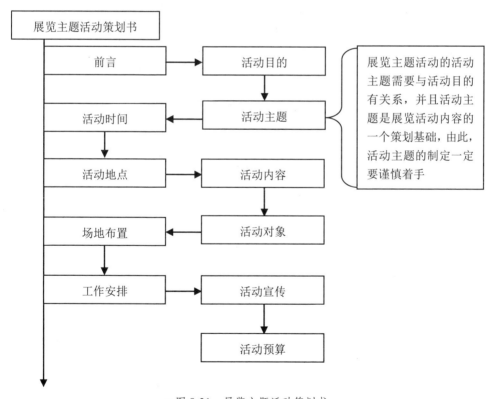

■ 图8-21 展览主题活动策划书

第 9 章

企业活动策划

学前提示

所谓的企业活动是指企业内部活动,其中包括内部会议、员工娱乐等活动类型。本章即将来讲述关于企业活动策划的相关内容。

要点展示

企业会议活动策划
企业员工娱乐活动策划

9.1　企业会议活动策划

企业会议活动是企业活动中的一种范畴，每个企业都会进行的，只是进行的种类不一样，下面就来了解企业会员活动策划的相关内容。

9.1.1　企业会议活动成功的诀窍

活动策划者若想开展一个成功的企业会议活动，可以在纸张上将活动分为三个阶段，再在这三个阶段中考虑问题，如图9-1所示。

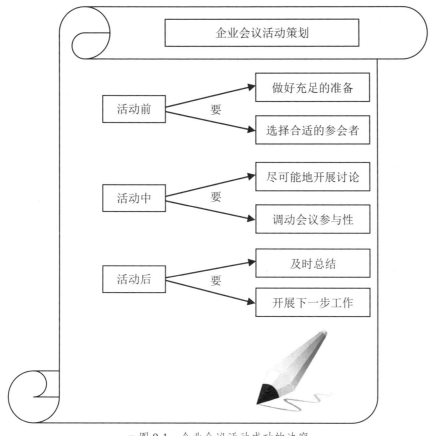

■ 图 9-1　企业会议活动成功的诀窍

> **专家提醒**
>
> 值得注意的是，企业在进行会议活动时，千万不要冠冕堂皇地进行，应该有针对性地根据具体问题再来进行会议活动的开展，这样会议才能起到好效果。

9.1.2 企业会议活动的种类

企业会议活动的种类比较多，不同种类的会议活动有着不一样的目的，由此，活动策划者需要根据活动目的进行活动种类的选择。下面就来了解企业会议活动的种类，如图 9-2 所示。

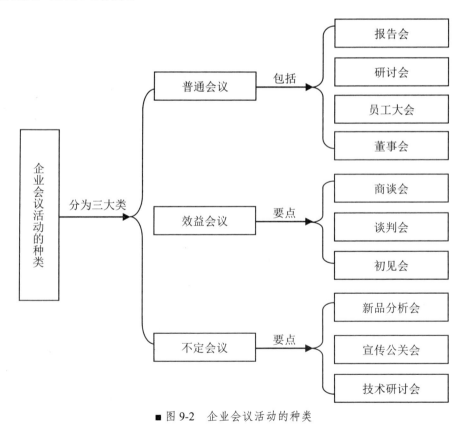

■ 图 9-2 企业会议活动的种类

9.1.3 企业会议活动的策划要点

企业会议活动并不是一种"突发性起"的活动，它是需要活动策划者经过紧密的思考、完整的规划而产生的成功会议活动。下面就来了解企业会议活动的策划要点，如图9-3所示。

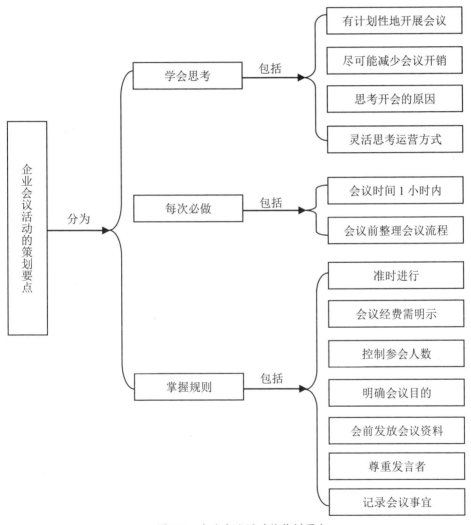

■ 图9-3 企业会议活动的策划要点

9.1.4 【实战案例】2016年上半年公司总业绩报告会策划书

下面就以某公司为例，模拟一份企业报告会议活动策划书，即《2016年上半年公司总业绩报告会策划书》，如下：

2016年上半年公司总业绩报告会策划书

一、会议时间

【撰写指南】：由于是2016年上半年的报告会，则最好将时间定在2016年下半年刚开始的时间，大概在7月份，若企业人数在500人以上，且部门多则可将会议时长延长1小时，某公司员工为80人，部门有9个，则会议时间可控制在1个小时以内，如图9-4所示为公司总业绩报告会开展时间。

■ 图9-4 会议时间

二、会议地点

【撰写指南】：若公司有足够大的会议室则可以选择在公司内部进行，若没有则可以向酒店、学校、会议中心等地方进行租赁。某公司选择在某学校的阶梯教室进行报告会活动的开展，如图9-5所示。

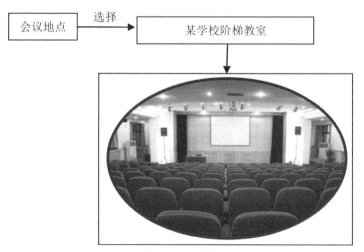

■ 图9-5 活动地点

三、会议目的

通过显示状况各部门负责人总结上半年的营销工作,提出工作上的得失、解决方法以及2016年下半年的工作方向。

四、会议受众

【撰写指南】:将重要职位写出来,写上参会即可,在策划书的最后附上完整的名单,如图9-6所示为公司总业绩报告会的受众人群。

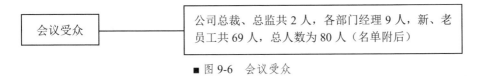

■ 图9-6 会议受众

五、会议准备

【撰写指南】:此部分需要从会场要求、会议工作安排等方面的策划,如图9-7所示为公司总业绩报告会需要做的准备。

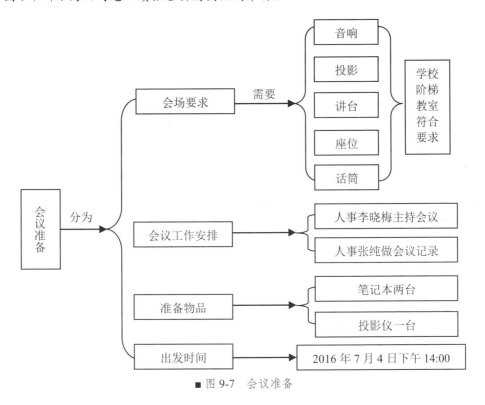

■ 图9-7 会议准备

六、会议内容

【撰写指南】：会议内容要与会议目的挂钩，不然活动策划书将不会被审批下来。如图9-8所示为某公司总业绩报告会开展内容。

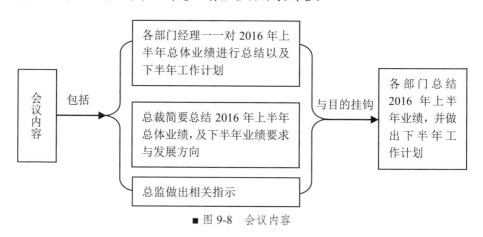

■ 图9-8 会议内容

七、会议流程

【撰写指南】：将整个活动开展的时间进行完整的规划，如表9-1所示为某公司总业绩报告会的整体流程。

表9-1 会议流程

时间	事件
2016年7月4日下午14:00	在公司门口各员工集合，准时坐大巴去某学校
2016年7月4日下午14:15	各员工按照安排好的位置入座
2016年7月4日下午14:30	会议正式开始，人事李晓梅宣布会议开始
2016年7月4日下午14:30	各部门经理述职，其依次顺序为营销部、宣传部、产品开发、运营部、设计部、科技研发部、数据分析部、电脑维修部、人事部
2016年7月4日下午14:30—15:10	会议正式开始，人事李晓梅宣布会议开始
2016年7月4日下午15:11—15:26	总监总结
2016年7月4日下午15:27—15:30	总裁发言
2016年7月4日下午15:35	各部门员工坐大巴原路返回公司

八、会议要求

【撰写指南】：将会议中需要注意的事项都描述清楚，如图9-9所示为某公司总业绩报告会的开展要求。

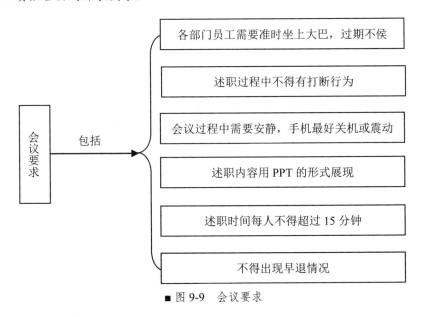

■ 图 9-9　会议要求

九、会议预算

【撰写指南】：将会议中需要的花费明细都撰写出来，让企业管理者能清楚直接了解大致经费的出处。如表 9-2 所示为某公司总业绩报告会的预算。

表 9-2　会议预算

活动名称	2016 年上半年某公司总业绩报告会策划书			
用　途	项　　目	单　　价	数　　量	总　　价
交通	租赁大巴车（包司机）	350 元 / 天 / 辆	2 辆	700 元
地点	某学校阶梯教室（包括音响、话筒、座位、讲台、投影）	500 元 / 小时	1 小时	500 元
明确目的	横幅	30 元 / 个	1 个	30 元
明确目的	投影仪	100 元 / 台	1 台	100 元
不可预计花费				6 700 元
总计				8 030 元

【案例分析】

企业会议活动策划书一般大致相同，通过《2016 年上半年公司总业绩报告会策划书》就可以发现在企业会议活动策划书中需要具有的元素，如图9-10所示。

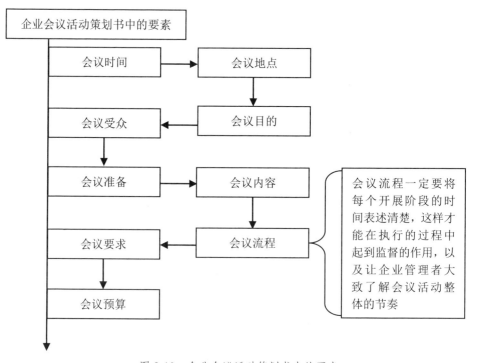

■ 图9-10　企业会议活动策划书中的要素

9.2　企业员工娱乐活动策划

企业并不只是因为销量可观、品牌知名度广而成为一个运作成功的企业，它还需要有一群愿意与企业共进退的员工才能得以实现。那么，企业该如何做才能让员工愿意与企业共进退呢？除了给员工合理的待遇之外，还需要企业不定期地组织一些员工娱乐活动，让员工在紧绷的工作氛围中得到身体的放松和心灵的安慰。

9.2.1　企业员工娱乐活动成功的诀窍

企业员工娱乐活动最为核心的要点就是让员工感到快乐，既能放松自己又能与同事增进感情,而最能达到这样的效果就是互动游戏。一个好的互动游戏,是最容易调动参与者的情感,最能激发快乐的一种活动模式。由此,企业员工娱乐活动的成功诀窍就在于活动中是否拥有能够调动员工好情绪的互动活动。

那么,活动策划者所策划的互动游戏有什么样的要求呢?如图9-11所示。

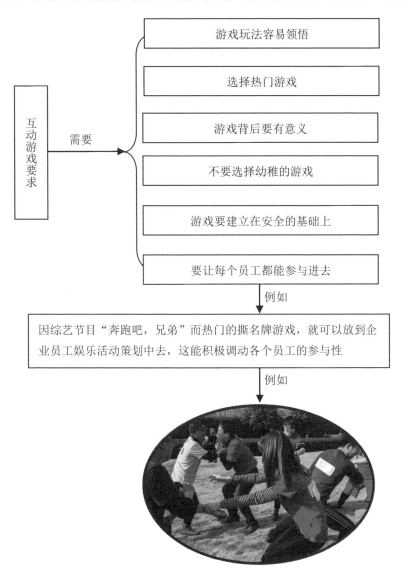

■ 图9-11 互动游戏要求

9.2.2 企业员工娱乐活动的种类

企业员工娱乐活动的种类也是多种多样的，企业需要根据自己的经济条件、活动目的来选择种类，只有这样的活动才是有意义的。下面就来讲解企业员工娱乐活动的种类，如图 9-12 所示。

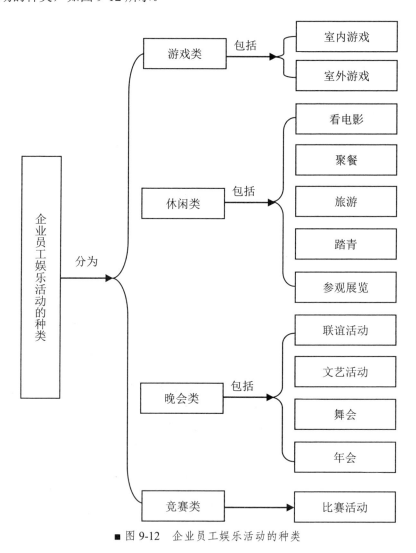

■ 图 9-12 企业员工娱乐活动的种类

9.2.3 企业员工娱乐活动的注意事项

活动策划者在进行企业员工娱乐活动策划时，千万不要随心所欲地策划，一定要根据具体情况、活动目的等方面的内容从宏观上把控企业员工娱乐活动的策划方向。下面就来了解企业员工娱乐活动策划的注意事项，如图9-13所示。

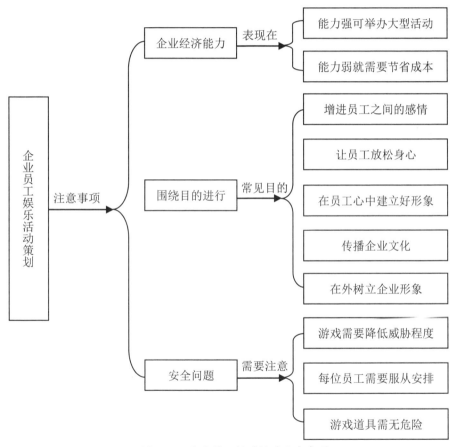

■ 图9-13 企业员工娱乐活动注意事项

9.2.4 【实战案例】员工娱乐活动策划书

下面就以某公司为例，模拟一份企业报告会议活动策划书，即《员工娱乐活动策划书》,具体如下。

员工娱乐活动策划书

一、活动目的

【撰写指南】：一般来说，企业员工娱乐活动策划目的围绕企业与员工情感之间的交流比较居多，与营销方面的内容难以挂钩，由此，活动策划者若想策划一个以提高企业与员工之间的感情、员工与员工之间的凝聚力等内容，不妨策划一个企业员工娱乐活动。如图9-14所示为员工娱乐活动策划书上的活动目的。

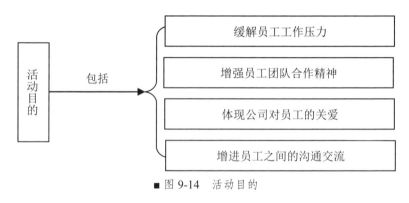

■ 图9-14 活动目的

二、活动时间

【撰写指南】：企业员工娱乐活动时间可分为以下两个部分，活动策划者需要根据活动内容和企业自身情况进行选择。

- 定期活动时间，是指企业在规定的时间内给员工举办相同的或不同的活动。
- 不定期活动时间，是指企业在不同的时间内给员工举办相同的或不同的活动内容。

选择好活动类型后，活动策划者就需要根据天气、节假日等方面选择一个合适的活动时间。如图9-15所示为员工娱乐活动策划书上的活动时间。

■ 图9-15 活动时间

三、活动主题

【撰写指南】：这一块紧扣活动目的，如图9-16所示为员工娱乐活动策划书上的活动主题。

■ 图9-16 活动主题

四、活动地点

【撰写指南】：企业员工娱乐活动需要根据活动内容进行选择。如图9-17所示为员工娱乐活动策划书上的活动地点。

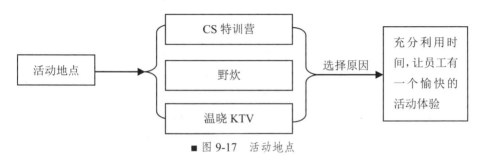

■ 图9-17 活动地点

五、活动受众

【撰写指南】：此类活动最好是公司全体员工一同前去，若公司人太多或还是想在活动当天企业正常运营，则可以分批次进行活动的参与。如图9-18所示为员工娱乐活动策划书上的活动受众。

■ 图9-18 活动受众

六、活动内容

【撰写指南】：若活动地点在室外则选择一些符合室外进行的游戏，若活动地点在室内则选择一些符合室内进行的游戏。如图9-19所示为员工娱乐活动策划书上的活动内容。

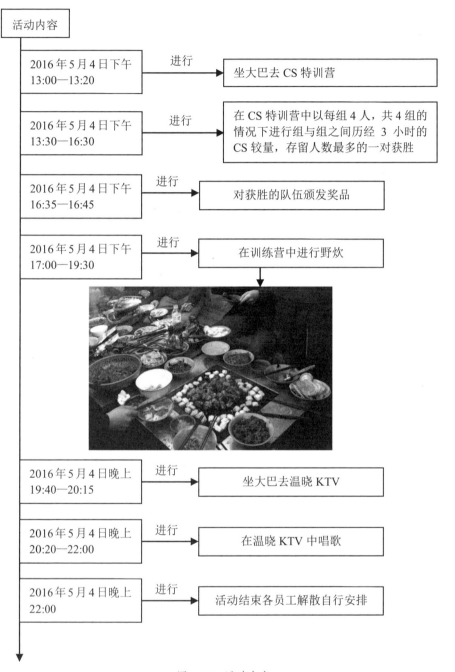

■ 图9-19　活动内容

七、工作安排

【撰写指南】：将工作安排到合适的管理者手上，如图 9-20 所示为员工娱乐活动策划书上的活动工作安排。

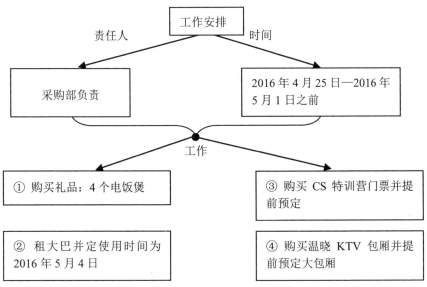

■ 图 9-20　活动工作安排

八、活动预算

【撰写指南】：将活动中所有花费计算清楚，如表 9-3 所示为员工娱乐活动策划书上的活动预算。

表 9-3　活动预算表

活 动 名 称		员工娱乐活动策划书		
活 动 主 题		抱团，放飞身心！		
用　　途	项　　目	单　　价	数　　量	总　　价
交通	租大巴车	200 元 / 天 / 辆	1 辆	200 元
礼品	电饭煲	500 元 / 个	4 个	2 000 元
活动项目	CS 特训营门票和野炊	98 元 / 人	16 人	1 568 元
	温晓 KTV	500 元 / 包		500 元
不可预计花费				332 元
总计				4 600 元

【案例分析】

线上促销活动策划书一般大致相同，通过《员工娱乐活动策划书》就可以发现，企业员工娱乐活动的好处有很多，具体如下。

- 通过好玩的 CS 真人游戏，以团队合作的方式提高员工的团队精神。
- 用奖品的形式推动员工积极参与活动，在活动中享受快乐。
- 安排丰富的活动内容，在员工心中树立公司良好形象。

企业员工娱乐活动策划书中的策划要素，如图 9-21 所示。

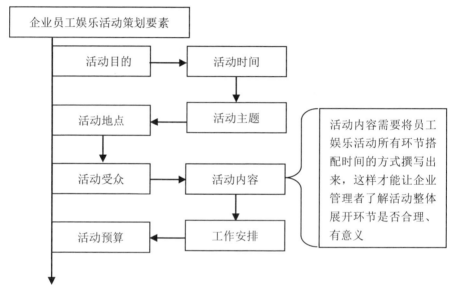

■ 图 9-21　企业员工娱乐活动的策划要素

第 10 章

公关活动策划

学前提示

对于企业来说，公关活动是提高品牌知名度、美誉度、认知度等方面的一种渠道，即通过活动的方式让公众对企业产生了新的看法。所谓的公关活动并不是促销活动而是一种展示企业品牌形象的活动，本章即将讲解公关活动策划的相关内容。

要点展示

公益活动策划
新闻发布会策划

10.1 公益活动策划

公益活动是公关活动中最为常见的活动之一,对于企业来说,公益活动是一种表达爱心,突出企业富有社会责任感的良好形象,更是一种宣传自我的机会,并且企业进行公益活动也是一种彰显经济实力的表现。

10.1.1 公益活动成功的诀窍

企业若想要将公益活动举办成功,其第一要素就是需要企业有一个良好的企业形象,不然一切都"白谈"。若一个企业没有好的企业形象就去进行公益活动,人们是不会去关注的,他们没有安全感,难以判断此活动的真假性,就会导致公益活动举办不成功的结局。由此可知,企业的形象对公益活动是否举办成功有比较大的影响力。

除了企业形象以外,活动策划者若能掌握策划公益活动的大诀窍,就能加大活动成功的可能性,如图10-1所示。

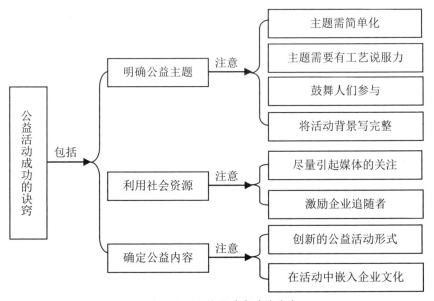

■ 图10-1 公益活动成功的诀窍

10.1.2 公益活动的种类

公益活动的种类比较多,虽然每种类型的公益活动对企业提高品牌形象都有一定的影响力,但企业还是需要根据自己的活动主题、企业资金来进行公益活动种类的选择,挑选出一种适合企业当下进行的公益活动。下面就来了解公益活动的常见种类,如图 10-2 所示。

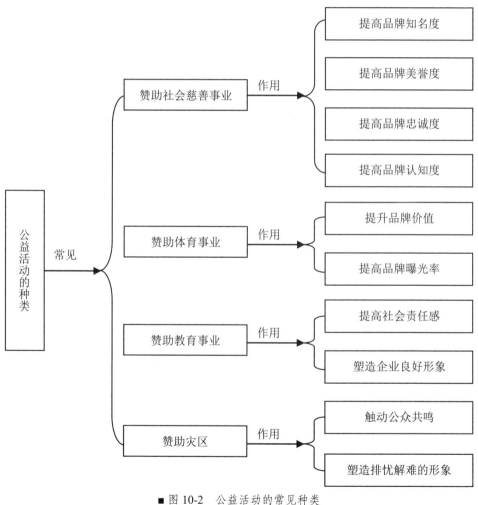

■ 图 10-2 公益活动的常见种类

10.1.3 公益活动传播很重要

企业在进行公益活动的过程中,传播效益非常重要,若效益不佳,则难以引起人们的关注,难以达到企业进行公益活动的目的;若效益极佳,则能引起轰动,届时不管对公益活动的成功还是企业提高品牌知名度来说,都能达到企业之前的预想。

那么公益活动应该如何去进行传播呢?可从三个方面入手,如图10-3所示。

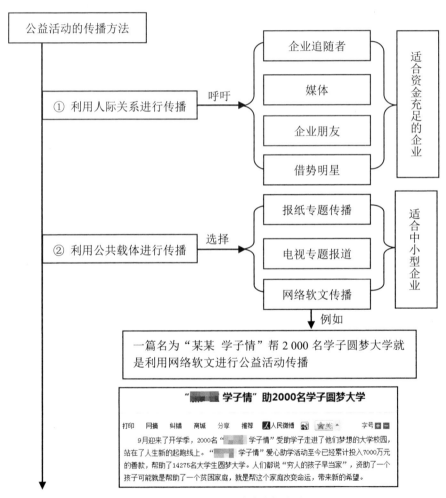

■ 图10-3 公益活动的传播方法

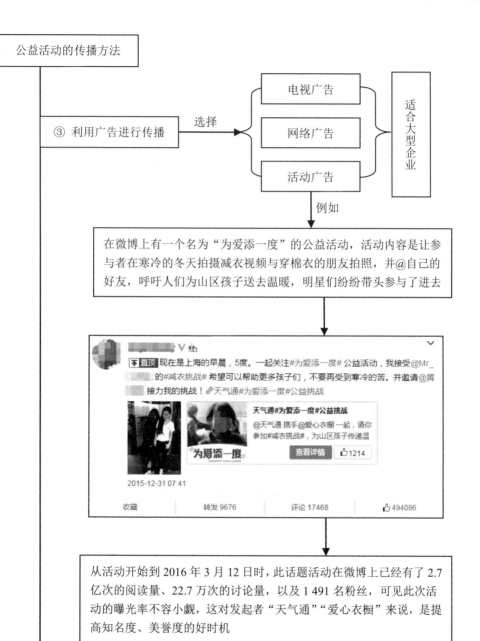

■ 图10-3 公益活动的传播方法（续）

10.1.4 【实战案例】"春蕾午餐"公益活动策划书

下面就以微博上的"春蕾午餐"公益活动为例,模拟一份公益活动策划书,即《"春蕾午餐"公益活动策划书》,具体如下。

"春蕾午餐"公益活动策划书

一、活动背景

【撰写指南】:公益活动策划书中的活动背景,其实就是将进行活动的原因、进行活动的目的、活动发起机构简要地概括出来。如图10-4所示为"春蕾午餐"公益活动背景。

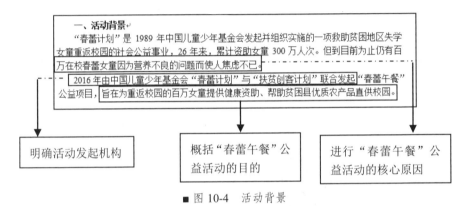

图 10-4 活动背景

二、活动主题

【撰写指南】:公益策划书中的活动主题一定要紧扣活动目的,且字数不要太多,20个字符以内即可。如图10-5所示为"春蕾午餐"公益活动主题。

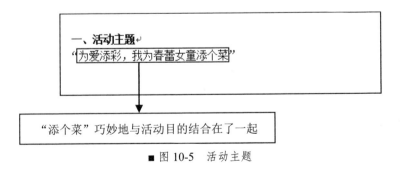

图 10-5 活动主题

三、活动目的

【撰写指南】：公益活动策划书中的活动目的，一定要与活动背景中的目的相符，不然就会出现前后不一致的笑话。如图10-6所示为"春蕾午餐"公益活动策划书中的活动目的。

```
三、活动目的
为重返校园的百万女童提供健康资助
帮助贫困县优质农产品直供校园
让春蕾女童午餐多些色彩
补充每日营养所需
```

■ 图 10-6　活动目的

四、活动时间

【撰写指南】：一部分的活动时间要与活动名称相符合。如图10-7所示为"春蕾午餐"公益活动策划书中的活动时间。

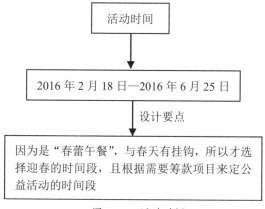

■ 图 10-7　活动时间

五、活动准备工作

【撰写指南】：对于公益活动来说活动准备工作非常重要，它是决定活动是否能成功执行的一大影响要素。

活动策划者在进行公益互动策划书中的活动准备工作撰写时，需要重点考虑活动的宣传力度。如图10-8所示为"春蕾午餐"公益活动策划书中的活动准备工作。

对于宣传方面的考虑，活动策划者还可以从名人效应、网络引力、媒体传播等容易吸引人们注意力的宣传方式来进行活动宣传，且需在活动开展之前与相关宣传人员进行沟通

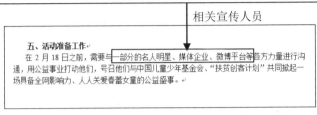

■ 图 10-8　活动准备工作

六、宣传方式

【撰写指南】：公益活动的宣传方式需要从发起机构的资金、人脉、知名度、口碑这四个方面来进行考虑，若发起机构知名度不足，则可以选择与较为知名的企业、基金会进行合作，若资金充足还可以邀请明星来做公益活动的形象大使；若人脉广还可以让媒体朋友帮忙进行传播；若资金不够充足，则可以选择一些低成本的传播方式进行公益活动的宣传，例如，在朋友圈中进行宣传、在微博中进行宣传等。

值得注意的是，公益活动的宣传方式千万不要单一，最好是多种多样，只有这样才能将公益活动传递到更多的人群中去。如图 10-9 所示为"春蕾午餐"公益活动策划书中的宣传方式。

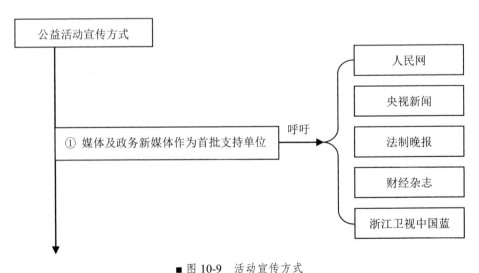

■ 图 10-9　活动宣传方式

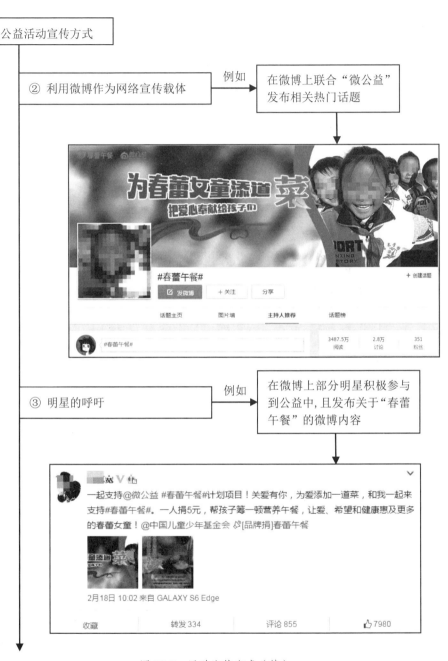

■ 图10-9 活动宣传方式（续）

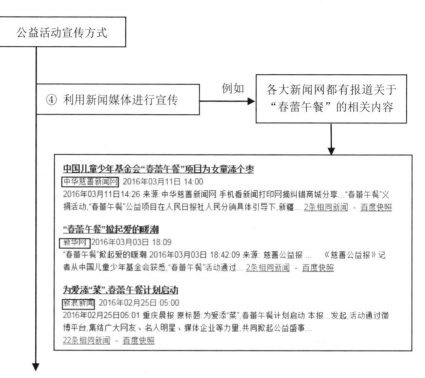

■ 图 10-9　活动宣传方式（续）

七、活动内容

【撰写指南】：公益活动策划书中需要将活动内容叙述清楚，以活动参与方式→活动后集资处理方式→活动参与意义的方式叙述清楚。如图 10-10 所示为"春蕾午餐"公益活动策划书中的活动内容。

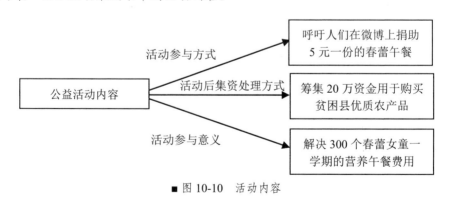

■ 图 10-10　活动内容

活动后集资处理方式在公益活动内容中一定要有,活动策划者不仅需要将活动参与的方式、活动参与意义叙述清楚,还需要对活动开展后的工作叙述清楚,这样才能保证公益活动的真实性和完整性。

八、活动预算

【撰写指南】:将公益活动中需要的花费明细都撰写出来,让审批者能清楚直接了解大致经费的出处。如表10-1所示为"春蕾午餐"公益活动预算。

表10-1 活动预算

活动名称	"春蕾计划"公益活动策划书	
用 途	项 目	总 价
宣传费用	各种宣传活动	3 000元
邮寄费用	为捐赠满100元的网友开具捐赠收据及捐赠证书	6 000元
不可预计花费		1 000元
总计		10 000元

【案例分析】

公益活动策划书一般大致相同,通过《"春蕾午餐"公益活动策划书》就可以发现在公益活动策划书中需要具有的元素,如图10-11所示。

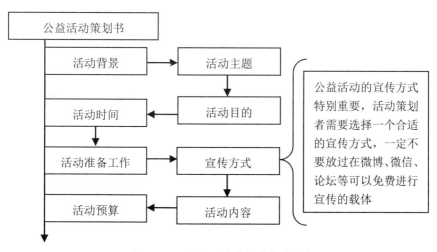

■ 图10-11 公益活动策划书中的要素

10.2 新闻发布会策划

新闻发布会也是公关活动中较为常见的一种类型。新闻发布会是指企业在发生重大的事情时,可以将新闻媒体聚集在一个空间里公布相应的信息,从而可以借助新闻媒体之手对相关事件进行一定的传播。

10.2.1 新闻发布会策划成功的诀窍

对于活动策划者来说只有抓住六大策划新闻发布会活动的诀窍,就能进一步提高新闻发布会活动的成功概率,如图 10-12 所示。

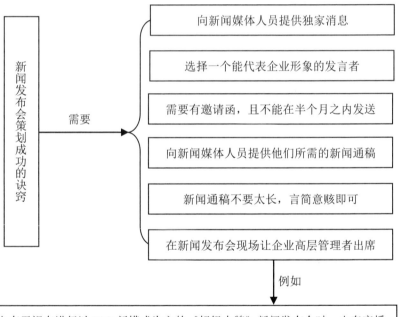

■ 图 10-12 新闻发布会策划成功的诀窍

所谓 T2O 模式是指观众在观看电视的过程中，可以运用手机二维码扫描功能，对着节目 Logo 进行扫描，就可购买到节目中定制的产品，即是一种电视＋二维码技术＋电子商务三种结合的模式。

10.2.2 新闻发布会的特点

有很多活动策划者都不愿意进行新闻发布会活动，认为新闻发布会的活动所需费用比其他活动要高得多，于是就对新闻发布会"避讳"了起来。要知道新闻发布会之所以会存在，还是因为它对于企业某些方面来说是有好处的。下面就来了解新闻发布会的特点，如图 10-13 所示。

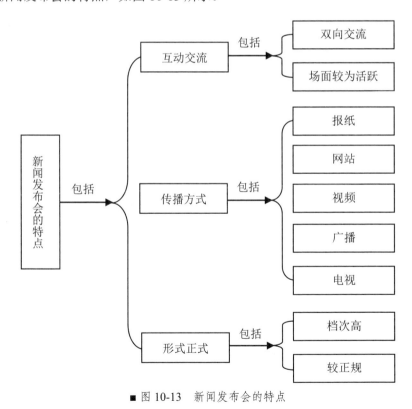

■ 图 10-13 新闻发布会的特点

10.2.3 新闻发布会活动的注意事项

由于新闻发布会具有正式、正规、权威的特点,所以活动策划者在进行新闻发布会活动策划时,一定要规避一些容易犯而不可犯的事项。下面就来了解新闻发布会活动策划的注意事项,如图10-14所示。

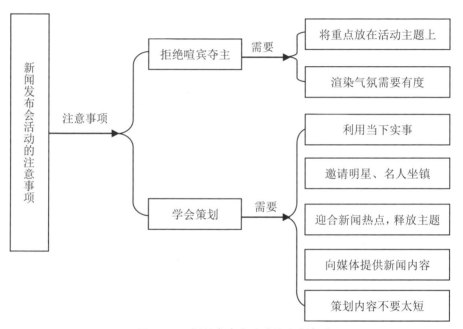

■ 图10-14 新闻发布会活动的注意事项

10.2.4 【实战案例】新品新闻发布会策划书

下面就以某公司为例,模拟一份新闻发布会策划书,即《新品新闻发布会策划书》,具体如下。

新品新闻发布会策划书

一、活动地点

【撰写指南】:一般来说,活动地点最好选择在室内,可以规避掉突发天气情况,且环境较为安静,但还是有缺点的,若地点比较小,就不利于摄影记者拍照，由此，活动地点室内的大小规模一定要挑选好。如图 10-15 所示为新品新闻发布会的活动地点。

■ 图 10-15　活动地点

二、活动时间

【撰写指南】：新闻发布会在选择时间方面决不能随意进行，需要尽量避免以下事项的发生。

- 避免与重大政治事件在同一时间举行。
- 避免与竞争对手在同一时间举行。
- 避免选在一天中的上午较早的时间或者是晚上举行。
- 避免会议举办时间超过 1 小时。

下面就来看新品新闻发布会的活动时间，如图 10-16 所示。

■ 图 10-16　活动时间

三、活动主题

【撰写指南】：一般对于企业来说，新闻发布会实质上是一个新品发布会，若品牌比较受欢迎，就算直接以某产品新品发布会为主题，也会有媒体关注，但对于知名度不大的品牌，若也用产品新品发布会为主题，是很难吸引媒体的注意力，因此，活动策划者在主题方面最好是多下点工夫，撰写出一个与新产品有关联的，且足够吸引人的主题。如图 10-17 所示为新品新闻发布会的活动主题。

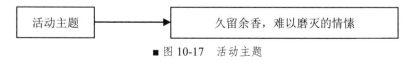

■ 图 10-17　活动主题

四、活动目的

【撰写指南】：活动策划者一定要在这里将举办新闻发布会的核心目的表述清楚。如图10-18所示为新品新闻发布会的活动目的。

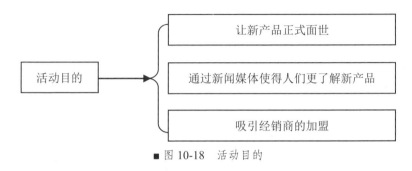

■ 图10-18 活动目的

五、背景分析

【撰写指南】：新闻发布会的背景分析一般与产品、品牌、企业有关，稍微介绍一下即可从历史、存在的意义等方面入手即可。如图10-19所示为新品新闻发布会的背景分析。

> **五、背景分析**
> 香水的历史可上溯至公元前两千年左右，远早于其它的文明。香水是柔媚的，它用它的热情包裹着我们的生活，给我们创造了许多馨香四溢的感觉和故事。每一个关于香水的感觉和故事都是香甜的，都可以在十足的体验中找到文化的韵味。
> 人类最早的香水，就是埃及人发明的可菲神香。但因当时并未发明精炼高纯度酒精的方法，所以这种香水准确地说，应称为香油，是由祭司和法老专门制造的。

■ 图10-19 背景分析

六、宣传方式

【撰写指南】：新闻发布会的宣传手段种类繁多，活动策划者需要根据产品的特性来选择合适的宣传方式，当然宣传方式需要多种类地进行。如图10-20所示为新品新闻发布会的宣传方式。

七、活动受众

【撰写指南】：新闻发布会一定要邀请新闻媒体人员，有了他们对产品的传播才多了一份保障。如图10-21所示为新品新闻发布会的活动对象。

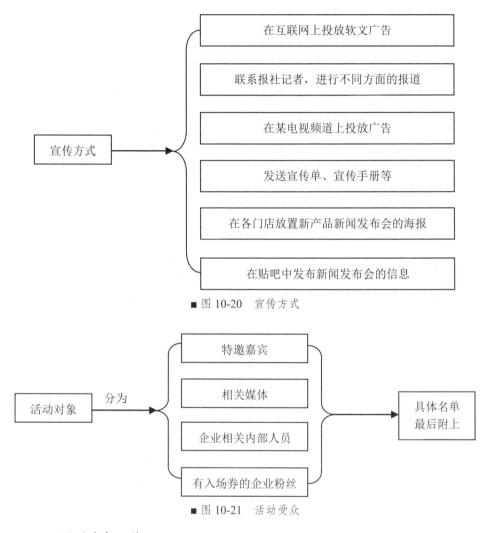

■ 图 10-20 宣传方式

■ 图 10-21 活动受众

八、活动准备工作

【撰写指南】：一般来说，新闻发布会的准备工作分为三个部分，活动策划者围绕这三部分进行撰写即可：

- 现场布置细节。
- 物料准备细节。
- 工作人员的配备。

下面就来了解新品新闻发布会的活动准备工作，如图 10-22 所示。

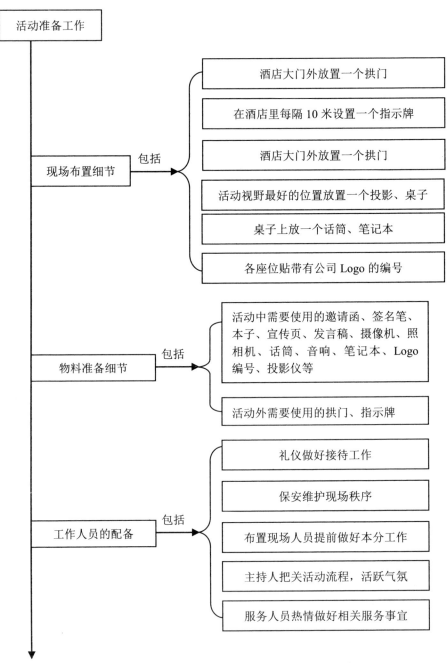

■ 图 10-22 活动准备工作

九、活动流程

【撰写指南】：新闻发布会的活动流程一定要将活动中各部分的环节精确到时间段，如图 10-23 所示为新品新闻发布会的活动流程。

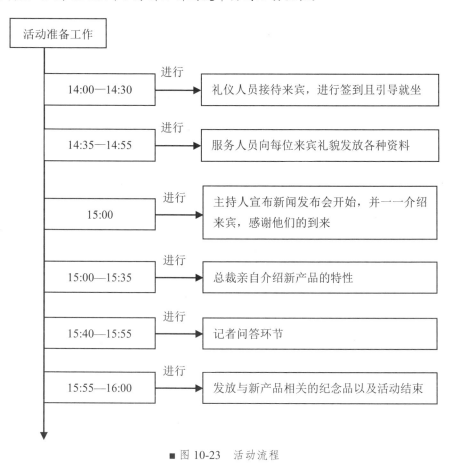

■ 图 10-23　活 动 流 程

十、活动预算

【撰写指南】：新闻发布会的活动预算需要将各个需要花费的地方都涉及，尽量做到准确。（略）

十一、效果评估

【撰写指南】：这一块内容其实就是告诉企业管理者此次新闻发布会活动可以从哪些方面得到好处，如图 10-24 所示为新品新闻发布会的效果评估。

十一、效果评估

了解媒体发布情况，收集各种资料，从新闻发布会上来宾的发言、提问、讨论等方面来评测新闻发布会的效果，会后还需要收集来宾对于新闻发布会的反馈信息，从而总结经验。

■ 图 10-24 效果评估

【案例分析】

新闻发布会策划书一般大致相同，通过《新品新闻发布会策划书》就可以发现，新闻发布会活动的宣传方式有很多，除了案例里提到的之外，还有以下可用的宣传方式。

- 通过企业官方微博发送新闻发布会举办的信息。
- 通过微信公众号、朋友圈、微信群发送新闻发布会举办的信息。
- 通过 QQ 群、QQ 兴趣部落发送新闻发布会举办的信息。

新闻发布会策划书中的策划要素，如图 10-25 所示。

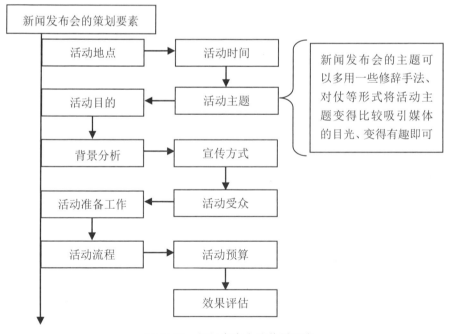

■ 图 10-25 新闻发布会的策划要素

第 11 章

大学活动策划

学前提示

活动策划除了是各大企业所需之外，大学也是一个需要活动策划的地方。做一个活动策划出来，对于大学生来说就是一个增加人生经验的一种契机，也是一种提供娱乐的方式。本章即将来讲解大学活动策划的相关知识。

要点展示

社团活动策划
班级活动策划

11.1 社团活动策划

社团活动策划是大学活动策划中较为常见的一种类型，毕竟在大学中，学生们除了去课堂上课以外，在社团中与团员一起交流、学习也是大学生增长知识的一大途径。而支撑着社团长期存在的一大因素就是拥有团员都喜欢的社团活动，只有这样团员们就会对社团产生归属感，让团员心系着社团的一举一动，且社团也是学校领导所推崇的，因为大学生在校生活没有以前高中生那么紧凑，而社团的出现既能丰富大学生们的在校生活，又能让大学生各自发挥自己的所长，找到一群志同道合的朋友。

下面就来了解社团活动策划的相关内容。

11.1.1 社团活动成功的诀窍

虽然社团活动策划书的审批人是学校领导，但是千万不要围绕学校领导的利益进行撰写，这样是很难被审批下来的，毕竟社团是由学生自主创立的，学校领导只是作为一个决策人，只要学生有足够的理由打动学校领导，社团定然会成立，而社团活动策划书亦如此，只要策划书围绕几点诀窍来撰写，社团活动不仅会被学校领导审批下来，还会达到社团目的，如图 11-1 所示。

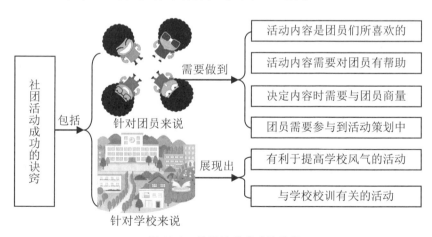

■ 图 11-1　社团活动成功的诀窍

11.1.2 社团活动的种类

一般来说，社团活动都会与社团成立主题相关，例如舞蹈社团，就会组织与舞蹈相关的活动（舞蹈PK赛、舞蹈街上演出等），但从活动种类来进行划分的话，则会分为四种类型，如图11-2所示。

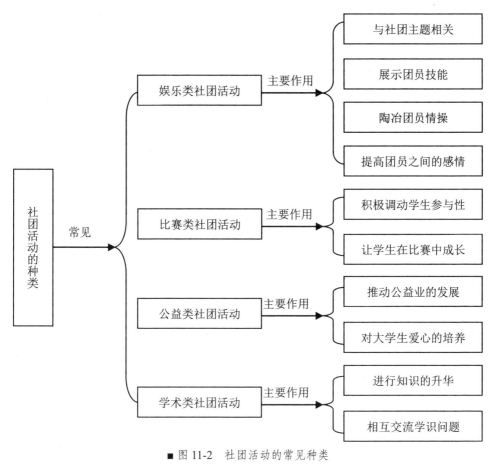

■ 图11-2 社团活动的常见种类

11.1.3 社团活动需要创意

社团活动策划书要想被学校领导人审批下来，就一定要有亮点，而这个亮点是由创意所体现出来的。若社团活动策划书毫无创意,依葫芦画瓢以前的社团活动,必然会被学校领导人退回来不给予审批,届时就得不偿失了。

值得注意的是,社团活动的创意并不是需要那种像艺术家一样天马行空的创意,而是需要像一个思考者一样能对社团成员、对学习有意义的活动,只有这样学校领导才会愿意审批。

11.1.4 【实战案例】"K歌之王"社团活动策划书

下面就来以某学校文娱社所举办"K歌之王"社团活动为例,模拟一份社团活动策划书,即《"K歌之王"社团活动策划书》,具体如下。

"K歌之王"社团活动策划书

一、活动背景

【撰写指南】:这一块内容主要将活动主题简单地解释一下,说出进行活动的意义,对社团成员的意义,提及到活动名称即可。如图11-3所示为"K歌之王"社团活动策划书的活动背景。

一、活动背景

唱歌是表达情感的极佳方式,让我们的歌声随风飘扬,飘扬到每一个灵魂中,成为慰藉灵魂的良药。我们文娱人满腔热情,决心用最质朴最真诚的比赛方式一展歌喉。同时比赛也是为同学们提供了一个展示自己的舞台,让他们尽情讴歌,尽情欢畅,唱出我们青年人的热情与朝气,唱出我校的风采和蒸蒸日上的赞歌。

为了全面提高文娱团员的综合素质,体现社团丰富多彩的文化内涵;为了展现新一代大学生蓬勃向上的精神风貌;为了营造文明的校园文化氛围,因此策划"k歌之王"活动。

活动意义、对社团成员的意义、提及到活动名称

■ 图11-3 活动背景

二、活动主题

"K歌之王,唱响青春"

三、活动时间与地点

分为三个部分：

- 预选赛——9月12日—9月15日（中午12:30—14:00和下午11:00—18:00）在国贸1602教室
- 复赛——9月19日（下午13:00—17:00）在商英1605教室
- 决赛——9月23日（下午15:00—17:30）01号阶梯教室

四、举办单位

文娱部

五、承办单位

经管学院团总支外联部

六、活动对象

经管系学生

七、活动目的

【撰写指南】：用简洁的语言来表达活动目的，如图11-4所示为"K歌之王"社团活动策划书的活动目的。

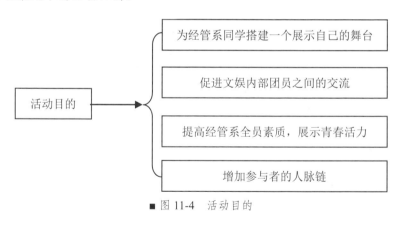

■ 图11-4　活动目的

八、活动内容

【撰写指南】：社团活动的活动内容需要以简洁明了为撰写手法，这样才容易让学校领导进行理解，且将内容表达仔细。如图11-5所示为"K歌之王"社团活动策划书的活动内容。

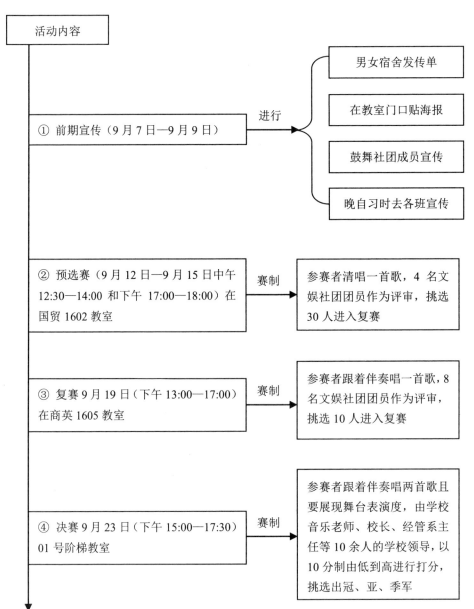

■ 图 11-5　活动内容

九、活动要求

【撰写指南】：将活动注意事项，容易让人们产生疑虑的地方撰写清楚即可。

如图 11-6 所示为 "K 歌之王" 社团活动策划书的活动要求。

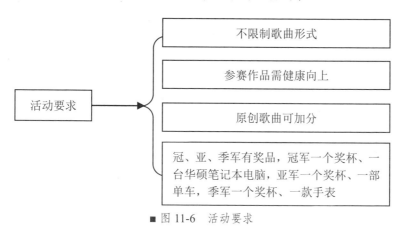

■ 图 11-6　活动要求

十、评分细则

【撰写指南】：这一块合理即可，如表 11-1 所示为 "K 歌之王" 社团活动策划书的评分细则。

表 11-1　评分细则

评 分 形 式	评 分 内 容
预赛 5 分制	表现活泼恰当 曲目积极向上 声音好听
复赛 8 分制	音准，能把握伴奏的节奏，咬字清晰 音色好，表演方式能展现出自信
决赛 10 分制	精神好，仪表大方得体 有台风，能鼓动现场气氛 自信，从容大方 歌曲好听，不出差错 演唱时需要轻松自然地将歌曲唱到尾

十一、参赛顺序

依靠参赛制抽签顺序进行。

十二、工作安排

【撰写指南】：这一块合理地将工作分配到合适的人手中，如表 11-2 所示为

"K歌之王"社团活动策划书的工作安排。

表 11-2 工作安排

责 任 人	时 间 安 排	主 要 事 项
社团团长和副团长	8月15日—9月3日	① 制作策划书 ② 等待审批 ③ 审批下来后联系老师申请学校相关教室
不参加比赛的社团团员	8月20日—9月18日	① 去校外拉赞助商 ② 申请活动经费 ③ 购买奖品和装饰品
	9月5日—9月11日	① 负责宣传海报、宣传单的制作 ② 去每个寝室发宣传单 ③ 晚自习时去各班宣传
	9月5日—9月19日	① 制作邀请卡 ② 邀请各位老师出席评委

十三、活动预算

【撰写指南】：将所有需要花费的项目都撰写清楚，如表 11-3 所示为"K歌之王"社团活动策划书的活动预算。

表 11-3 活动预算

活 动 名 称	"K歌之王"社团活动策划书			
活 动 主 题	"K歌之王，唱响青春"			
用 途	项 目	单 价	数 量	总 价
宣传费用	邀请函	10元/张	10张	100元
	宣传海报	5元/张	30张	150元
	宣传单	2元/张	200张	400元
	拉赞助车费	2元/次	40次	80元
装饰	气球	1元/打	50打	50元
	彩带	3元/卷	3卷	9元
	胶布	2元/个	10个	20元
设备	租用音响	100元/天	2天	200元
	话筒	30元/天	2天	60元
礼品	奖杯、笔记本电脑、单车	赞助商赞助		无
不可预计花费				431元
总计				1 500元

十四、活动总结

此次活动总结可以从五个方面入手，如图 11-7 所示。

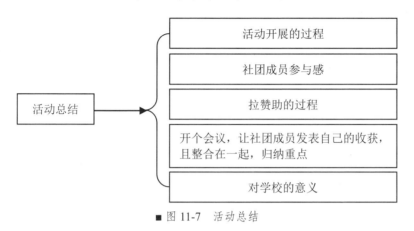

■ 图 11-7　活动总结

【案例分析】

社团活动策划书一般大致相同，通过《"K 歌之王"社团活动策划书》就可以发现在社团活动策划书中需要具有的元素，如图 11-8 所示。

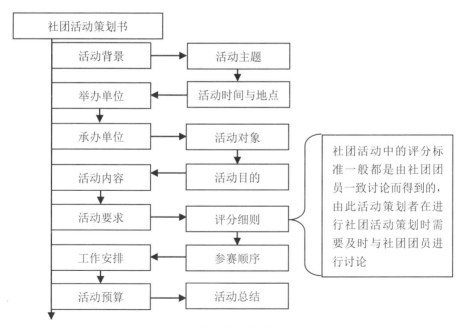

■ 图 11-8　社团活动策划书中的要素

11.2　班级活动策划

大学不像高中一样同班同学能长时间呆在一个班级里上课，很多大学都是以移动阶梯教室中一起上大课（即不同班级一起上课，人非常多），从而导致同班同学交流的时间较为少，而班级活动的出现就是一种调动班级气氛，让班级同学更加融洽的一种方式。

11.2.1　班级活动成功的诀窍

活动策划者在进行班级活动策划中，不要随意组织活动，毕竟活动是需要经费进行的，而班级活动的经费一般都是同学们缴纳的班费，若活动不能让同学们满意，那么班级活动所起到的作用就不会是加强同学之间的感情，而是让同学们满是怨言，这就是所谓的出力不讨好，由此，活动策划者在进行班级活动时，一定要掌握六种成功诀窍，只有这样班级活动才会有意义，如图11-9所示。

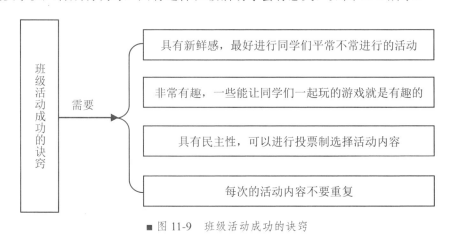

■ 图11-9　班级活动成功的诀窍

11.2.2　策划班级活动的意义

对于高中生来说，班级活动是一种释放压力的契机；对于大学生来说，班级活动是一种和同学进一步认识，和老师进一步交流的一个桥梁，由此，班级活动也是大学活动中最为常见的一种类型。

例如，主题班会就是一种既具有教育意义又能增加同学之间彼此了解机会的班级活动，这样的活动看似枯燥，只要活动内容是同学们感兴趣的，能调动同学们积极参与的，必是一次让同学们受益匪浅的活动。

11.2.3 班级活动的注意事项

值得注意的是，班级活动不要举行得太过频繁，这样很容易降低同学们对班级活动的期待，一个学期举行 2～3 次即可，且活动与活动之间的间隔最少要在 35 天以上，这样调动同学们参与性的几率就比较大。

若班级活动是在室外进行，则一定要让同学们注意安全，要服从安排，在进行活动之前就需要将出行的注意事项讲给同学们听，只有这样才能更加降低活动突发事件的出现。

11.2.4 【实战案例】"春意袭来情谊递增"活动策划书

下面就以某大学班级活动为例，模拟一份班级活动策划书，即《"春意袭来情谊递增"活动策划书》，具体如下。

"春意袭来情谊递增"活动策划书

一、活动背景

清风袭来，春意浓浓，这是一个万物复苏的季节，也是同学们丢掉冬天带来的负重感，而放松自我的一个好时节，为了增进同学之间的感情，开拓大家的视野，则以此次活动——"春意袭来情谊递增"，来丰富同学们的课余生活，感受春天带给我们清新、优雅的"视听盛宴"。

二、活动主题

班级活动之南郊公园一日游

三、活动目的

【撰写指南】：班级活动最为常见的目的就是增加同学之间的感情，如图 11-10 所示为"春意袭来情谊递增"活动策划书中的活动目的。

四、活动时间

4 月 15 日

> 二、活动目的
>
> 经过一年多的相处，同学们关系已基本融洽，但男生与女生之间、各寝室之间还是存在不同程度的陌生。为了增加班级凝聚力，增进班级团结以及同学之间的交流，我们以此次活动丰富大家的课余生活，并开拓大家的视野，使大家的身心得到陶冶。

■ 图 11-10 活动目的

五、活动地点

南郊公园

六、策划人员

电商 1201 班学习委员

七、参与人员

电商 1201 班全体同学（40 名）

八、组织方式

【撰写指南】：一般来说，班会的组织方式分为以下两种：

- 户外活动。
- 室内活动。

而"春意袭来情谊递增"活动策划书中的组织方式，如图 11-11 所示。

■ 图 11-11 组织方式

九、可行性分析

【撰写指南】：班级活动策划书的可行性分析主要从以下三个方面来进行，

如图 11-12 所示。

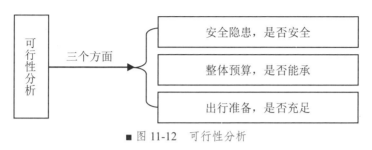

■ 图 11-12　可行性分析

下面就是"春意袭来情谊递增"活动策划书中的可行性分析，如图 11-13 所示。

> 九、可行性分析
> 　　本次南郊公园一日游，每个人路费来回 60 元，烧烤门票费每人 20 元，整体预算大约为 40000 元，在我们能承受的范围内。集体活动不存在大的安全隐患，经 3 个星期的精细策划，此次活动我们做了充分的准备，能确保活动安全的进行。

■ 图 11-13　可行性分析

十、注意事项

【撰写指南】：将户外出行所需要注意的事项叙述出来，如图 11-14 所示为"春意袭来情谊递增"活动策划书中的注意事项。

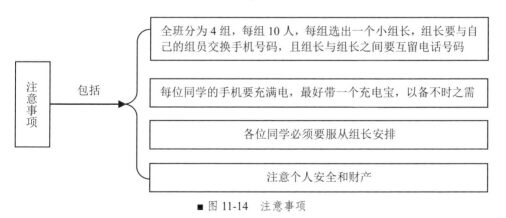

■ 图 11-14　注意事项

十一、活动流程

【撰写指南】：活动流程需要将各个环节都写清楚，这样老师才会放心审批活动。如表 11-4 所示为"春意袭来情谊递增"活动策划书中的活动流程。

表 11-4　活动流程表

时　　间	内　　容
4月15日上午9:00	班级干部一同去超市或菜市场购买烧烤食材
4月15日上午10:25	全班同学在学校门口排队——上大巴
4月15日上午10:40	清点人数之后，即正式前往南郊公园
4月15日上午11:20	抵达南郊公园门口，清点人数，排队前往南郊公园烧烤区
4月15日上午11:40	进入南郊公园烧烤区，10人一个烧烤台，自由进行烧烤项目
4月15日下午14:30	找一个空旷的位置，以小组为单位玩"撕名牌"游戏，每队的胜利者相互进行PK，第一名者可得到半个月的免费饭卡奖励
4月15日下午15:50	自由活动
4月15日下午16:50	在南郊公园南门口集合，清点人数，坐大巴回学校
4月15日下午17:30	抵达学校门口，活动结束

【案例分析】

班级活动策划书一般大致相同，通过《"春意袭来情谊递增"活动策划书》就可以发现在班级活动策划书中需要具有的元素，如图11-15所示。

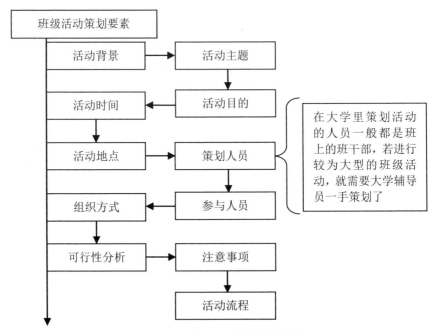

■ 图 11-15　班级活动策划书的要素

第12章

微信活动策划

学前提示

所谓微信活动策划就是利用微信平台进行一系列的活动。由于微信是如今比较火爆的社交工具,所以成为了各大企业、个体的引流战场,也正因此,微信朋友圈和微信公众号已经成为了活动策划者进行活动的一大根据地了。

要点展示

微信朋友圈活动策划
微信公众号活动策划

12.1 微信朋友圈活动策划

微信朋友圈活动是微信活动策划中重要的活动类型之一。所谓的微信朋友圈活动是指活动策划者利用微信朋友圈的功能,呼吁自己的微信朋友积极参与活动,且鼓动他们转发,形成"病毒"式传播,从而得到更好的曝光率。

12.1.1 微信朋友圈活动成功的诀窍

活动策划者策划微信朋友圈活动成功的诀窍无非就是以下两点。
- 是微信朋友所感兴趣。
- 能让微信朋友以互动的形式获利。

一般来说,活动策划者想要让自己的微信朋友圈的活动勾起微信朋友们的兴趣,则需要经过一段时间的调查才能得以实现,那么该如何调查呢?其实很简单,活动策划者可以让整个活动团队成员与他们的微信好友一一交谈,从交谈的过程中挖掘出微信朋友们对微信活动的喜好与厌烦,然后将他们回答的内容整合在一起,筛选出合适的内容,在将这些内容结合到自己的活动中,这样策划出来的活动必然能勾起微信朋友们的注意力。

活动策划者可以问自己的微信朋友四个问题,这些问题的回答可以作为活动策划的参考因素,如图12-1所示。

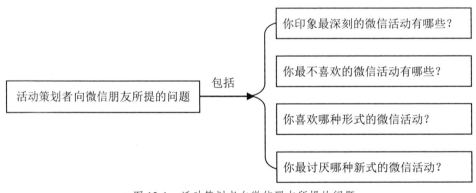

■ 图12-1 活动策划者向微信朋友所提的问题

> **专家提醒**
>
> 活动策划者从微信朋友那里获取的信息,可以将它们绘制到一张纸上,进行总结性分析,若信息太多则可以放置在 Excel(表格)中进行分析。

活动策划者还需要将从微信朋友那里获取的可用信息与"互动""获利"衔接在一起,可是该如何将它们衔接在一起呢?其实很简单,只要朋友圈活动具有较强的娱乐性即可。

如用玩游戏的方式来吸引微信朋友的注意力,且用红包来让微信朋友获利,如图 12-2 所示为某活动以扫描二维码加好友且将活动信息原封不动地转发,将转发到朋友圈的内容截图发给活动方,并以摇色子的大小发送红包。

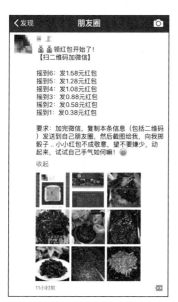

■ 图 12-2 活动娱乐性强的微信朋友圈活动

12.1.2 微信朋友圈活动的类型

微信朋友圈活动的类型还是挺多的,不过不见得每种活动类型都能获得微信朋友的注意力。下面就来了解几种较为受欢迎的微信朋友圈活动,如图 12-3 所示。

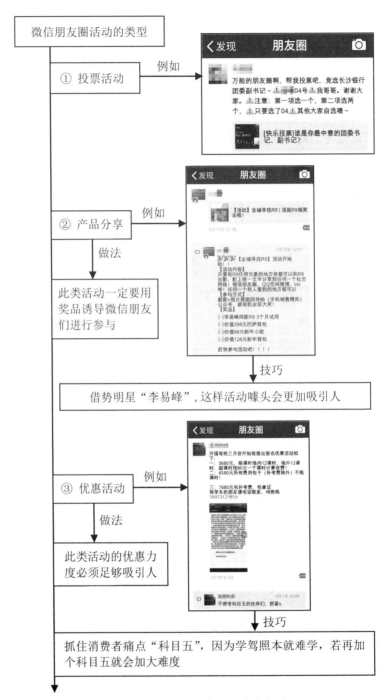

■ 图12-3 微信朋友圈活动的类型

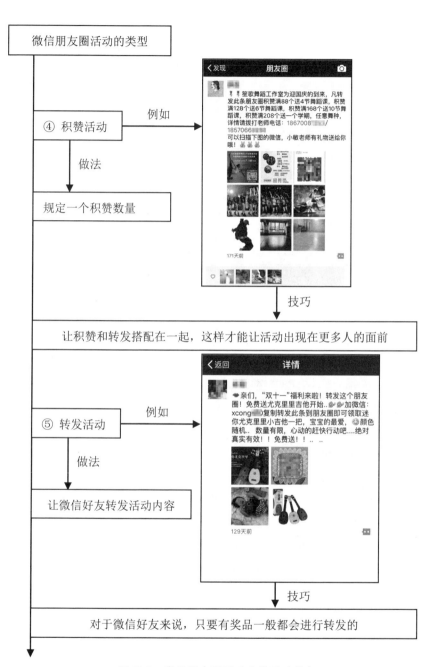

■ 图12-3 微信朋友圈活动的类型（续）

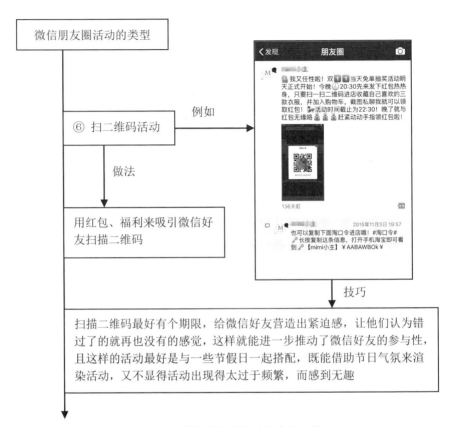

■ 图12-3 微信朋友圈活动的类型（续）

专家提醒

活动策划者在选择进行何种类型的微信朋友圈活动的过程中，需要考虑以下两个方面，才能策划出一个合适的活动。

- 考虑活动经费，谨记"节约、实用、有价值"进行策划。
- 考虑活动目的，不同的目的就可以选择不同的活动类型，例如，活动目的若为促销产品，则可以选择优惠活动；活动目的若为提高品牌知名度，则可以选择积赞活动；若活动目的只是想增加微信好友数量，则可以选择扫二维码活动。

12.1.3 微信朋友圈活动的注意事项

活动策划者在进行微信朋友圈活动策划时，千万不要不经过深思熟虑就将策划好的活动发布出去，若活动不够吸引人，很有可能降低在微信好友心中的好感度，届时就得不偿失了。

下面就来了解活动策划者在进行微信朋友圈活动策划的过程中需要注意的事项，如图 12-4 所示。

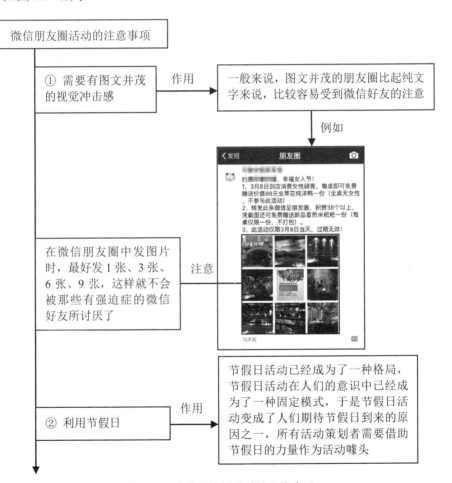

■ 图 12-4 微信朋友圈活动的注意事项

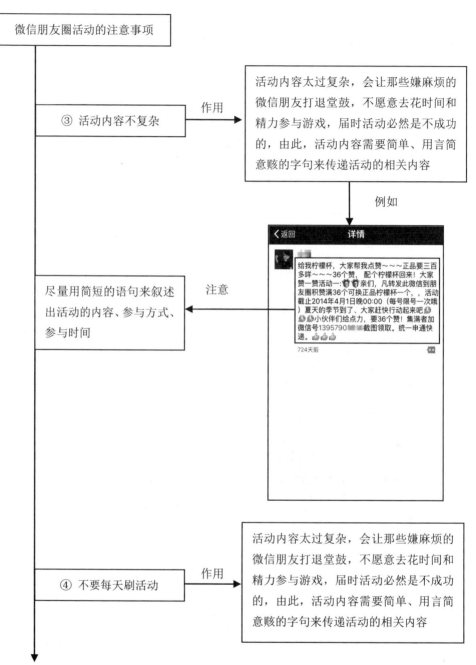

■ 图12-4 微信朋友圈活动的注意事项（续）

12.1.4 【实战案例】"芝士肋排积赞"活动策划书

下面就以某芝士排骨积赞活动为例,模拟一份微信朋友圈活动策划书,即《"芝士肋排积赞"活动策划书》,具体如下。

"芝士肋排积赞"活动策划书

一、活动目的

【撰写指南】:微信朋友圈活动目的一定要明确,只有活动目的明确了,才能选择一个合适的活动类型,这个合适的活动类型也是促使活动成功的一大因素,一般来说,微信朋友圈活动的常见目的如下。

- 提高企业品牌知名度。
- 提高产品或品牌口碑。
- 促进企业产品销量的提升。
- 树立良好的企业形象。
- 提高微信好友数量。

下面就来了解"芝士肋排积赞"活动策划书中的活动目的,如图12-5所示。

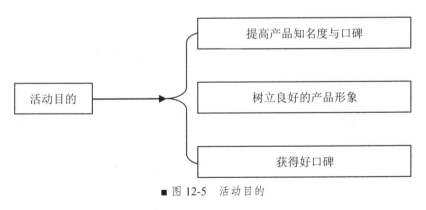

■ 图12-5 活动目的

二、活动主题

【撰写指南】:微信朋友圈活动主题一定要像"标题党"一样,用新颖奇特足够吸引微信朋友的活动主题,才能得到无法估量的关注。如图12-6所示为"芝士肋排积赞"活动策划书中的活动主题。

此活动主题用"有毒"来勾起微信朋友的疑惑,然后以"前方有福利"来助涨微信朋友想要了解活动具体内容的心思

■ 图 12-6　活动主题

专家提醒

值得注意的是,活动策划者在进行微信活动主题的策划时,活动内容还是要与主题相符合。活动策划者在决定活动主题的过程中,一定要暗示自己:"只愿做一个人人点赞的标题党,不愿做人人喊打的恶性标题党"。

三、活动类型

【撰写指南】：微信朋友圈的活动类型需要在活动目的的基础上进行确定,下面就来了解微信朋友圈活动中较为常见的活动目的下与之最为适合的活动类型,如图 12-7 所示。

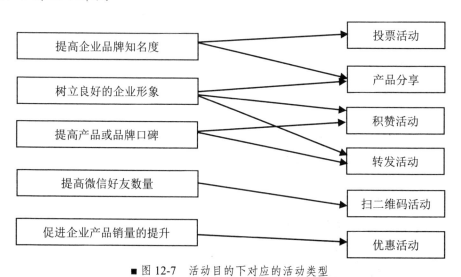

■ 图 12-7　活动目的下对应的活动类型

下面就来了解"芝士肋排积赞"活动策划书中的活动类型,如图 12-8 所示。

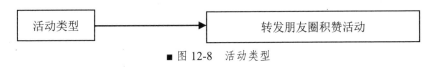

■ 图 12-8　活动类型

四、活动时间

【撰写指南】:微信朋友圈活动时间最好从以下两个方面出发。

- 每年的节假日。
- 对企业来说比较重要的日子。

下面就来了解"芝士肋排积赞"活动策划书中的活动时间,如图 12-9 所示。

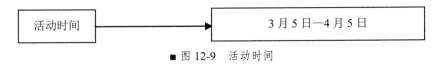

■ 图 12-9　活动时间

五、活动地点

【撰写指南】:微信朋友圈活动地点分为以下两个方面。

- 参与地点,在微信朋友圈上。
- 兑现地点,可以在线上线下,根据活动内容决定。

下面就来了解"芝士肋排积赞"活动策划书中的活动地点,如图 12-10 所示。

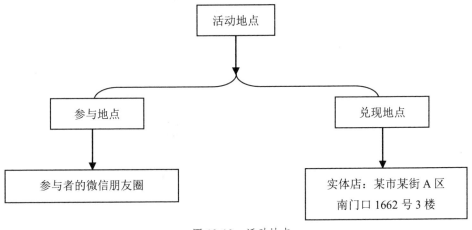

■ 图 12-10　活动地点

六、活动内容

【撰写指南】：微信朋友圈活动内容主要以活动参与方式为主。如图12-11所示为"芝士肋排积赞"活动策划书中的活动内容。

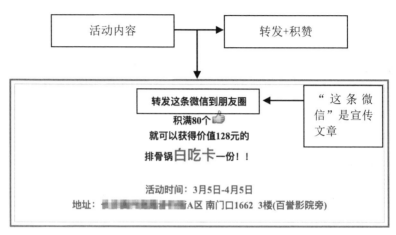

■ 图12-11　活动内容

活动策划者最好在微信朋友圈活动策划书的活动内容下方，附上一张人们参与活动的形式图，这能让活动审批者进一步了解活动的参与方式。如图12-12所示为"芝士肋排积赞"活动策划书中的活动宣传下人们参与活动的形式图。

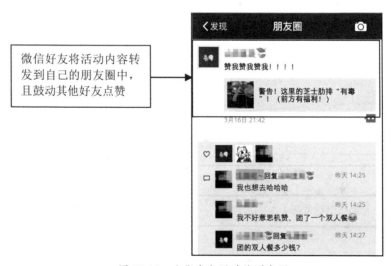

■ 图12-12　人们参与活动的形式图

七、活动宣传

【撰写指南】：微信朋友圈活动的宣传方式分为以下两种方式。

- 直接在微信朋友圈中道出活动内容。
- 用链接的方式展示活动内容。

下面就来了解"芝士肋排积赞"活动策划书中的活动宣传，如图12-13所示。

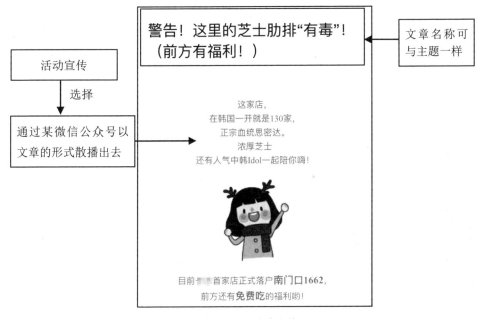

■ 图 12-13 活动宣传

活动策划者在进行宣传文章的撰写时，需要将以下三个方面的内容融入到宣传文章中。

- 活动参与方式。
- 对参与者来说的好处。
- 活动卖点。

"芝士肋排积赞"活动的活动宣传文章中将图12-7中的活动参与方式和福利都撰写进去了，而活动卖点就以图文并茂的方式介绍产品詹姆士芝士排骨、芝士排骨吃的方式，如图12-14所示。

■ 图 12-14　活动卖点

【案例分析】

微信朋友圈活动策划书一般大致相同,通过《"芝士肋排积赞"活动策划书》就可以发现在微信朋友圈活动策划书中需要具有的元素,如图 12-15 所示。

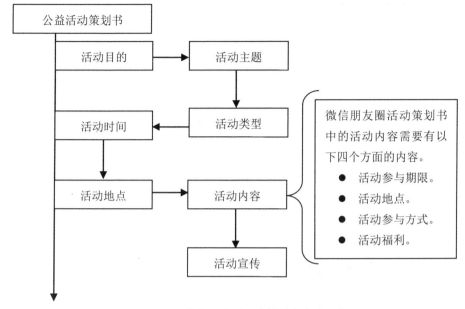

■ 图 12-15 微信朋友圈活动策划书中的要素

12.2 微信公众号活动策划

随着微信用户数量的增多，很多企业都将商机转向了微信公众号，于是就出现了几乎每个企业都会有一个或多个微信公众号，这对活动策划者来说，无疑是增添了一个进行活动的渠道。

12.2.1 微信公众号活动成功的诀窍

对于企业微信公众号来说，一直都需要以"内容为王"的态度，为关注企业微信公众号的微信用户带来有价值、他们感兴趣的内容。由此，微信公众号上的活动也需要让微信用户有兴趣才行。

那么该如何让微信公众活动具有吸引微信用户的能力呢？其实非常简单，活动策划者只要将"亮点"融入到活动中即可。微信公众号活动亮点可以从三个方面出发，如图 12-16 所示。

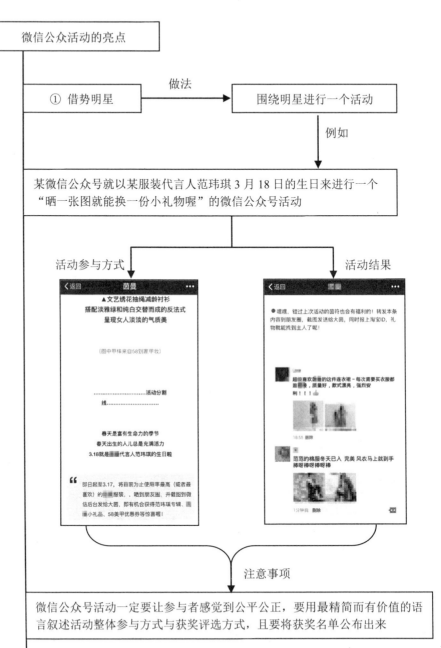

■ 图12-16 微信公众活动的亮点

■ 图 12-16　微信公众活动的亮点（续）

■ 图 12-16 微信公众活动的亮点（续）

12.2.2 微信公众号活动的推送时间

微信公众号的活动推送时间是有一定讲究的,并不是随着活动策划者的心情而定的。一般来说,微信公众号活动推送时间最好定在早上或者是晚上这两个时间段,如图 12-17 所示。

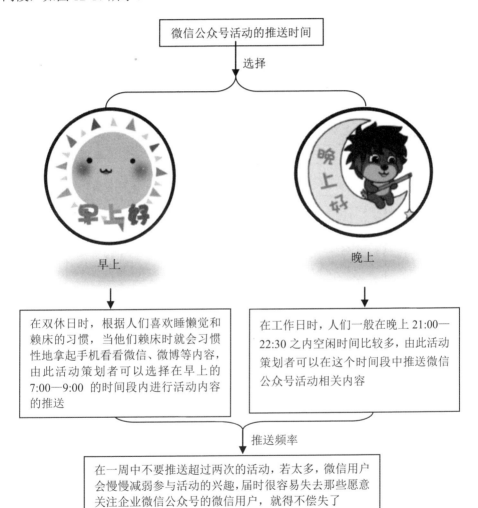

■ 图 12-17 微信公众号活动的推送时间

12.2.3 微信公众号活动的注意事项

活动策划者在策划微信公众号活动时，需要与之前策划的微信公众号活动有相应的区别，千万不要千遍一律的都是同样的形式，这样很容易让微信用户降低新鲜感与参与感，由此，活动策划者需要进行不同类型的活动内容，或者是用不同的方式将活动内容展示出来。

微信公众号的活动类型其实与微信朋友圈活动差不多，都可以分为投票活动、产品分享、优惠活动、积赞活动、转发活动、扫二维码活动。下面就来理解微信公众号活动的展现方式，如图12-18所示。

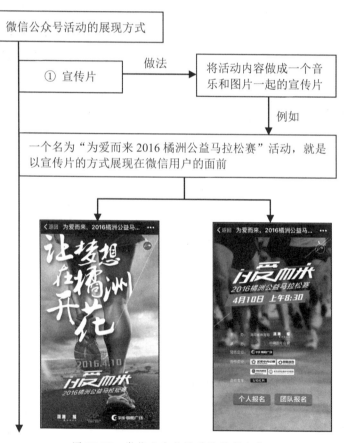

■ 图12-18 微信公众号活动的展现方式

Chapter 12
第 12 章 微信活动策划

■ 图 12-18 微信公众号活动的展现方式（续）

■ 图 12-18　微信公众号活动的展现方式（续）

12.2.4 【实战案例】免费体验手机副号活动策划书

下面就以某微信公众号活动为例,模拟一份微信公众号活动策划书,即《免费体验手机副号活动策划书》,具体如下。

免费体验手机副号活动策划书

一、活动时间

【撰写指南】:微信公众号活动的时间包括以下两个方面。

- 活动参与时间。
- 活动推送时间。

下面就来了解免费体验手机副号活动策划书中的活动时间,如图12-19所示。

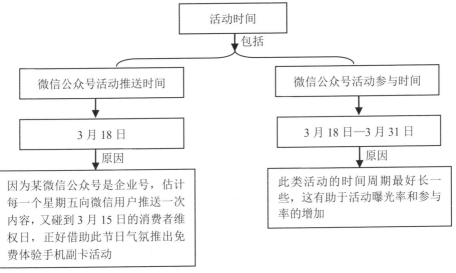

▪ 图12-19 活动时间

二、活动目的

【撰写指南】:活动策划者在进行微信公众号活动策划工作时,需要明确活动策划的目的,只有这样活动才能变成一个容易成功的活动。如图12-20所示为免费体验手机副号活动策划书中的活动目的。

三、活动主题

【撰写指南】:活动策划者在进行微信公众号活动策划工作时,需要结合活动目的来进行活动主题的制订。如图12-21所示为免费体验手机副号活动策划书中的活动主题。

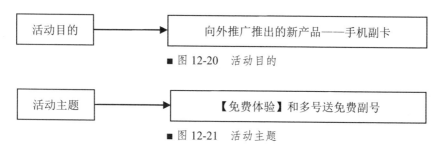

■ 图12-20 活动目的

■ 图12-21 活动主题

四、活动内容

【撰写指南】：微信公众号活动的活动内容是以文章的形式展示出来的，且文章中需要包括以下内容。

- 描述活动主题。
- 讲解活动内容。
- 活动参与步骤。
- 活动参与规则。

下面就来了解免费体验手机副号活动策划书中的活动内容，如图12-22所示。

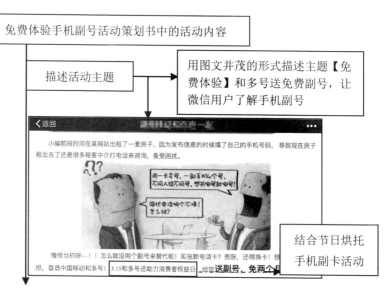

■ 图12-22 活动内容

第 12 章 微信活动策划

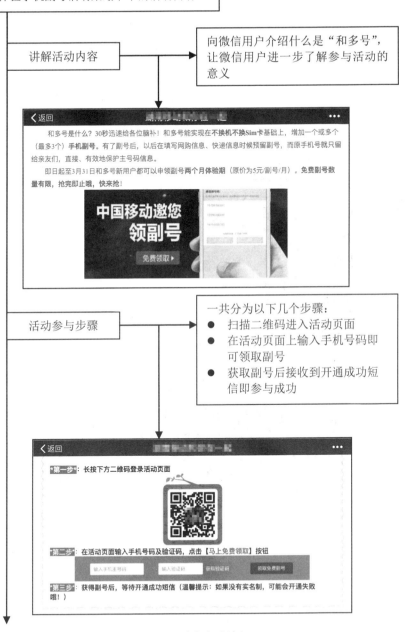

■ 图 12-22　活动内容（续）

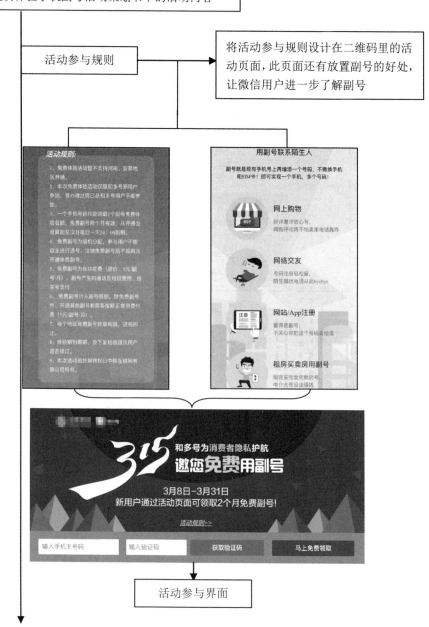

■ 图 12-22　活动内容（续）

【案例分析】

微信公众号活动策划书一般大致相同,通过《免费体验手机副号活动策划书》就可以发现在微信公众号活动策划书中需要具有的元素,如图12-23所示。

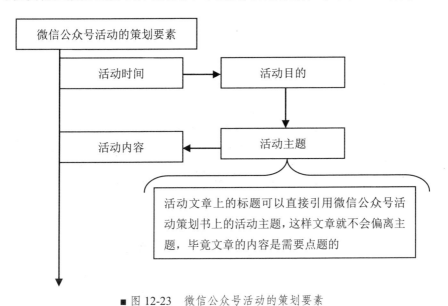

■ 图12-23 微信公众号活动的策划要素

第 13 章

微商活动策划

学前提示

微商是一种偏向生活化的营销方式，更是如今年轻人的创业首选。因此，关于微商活动策划的所有内容，也被人们所关注着。本章即将来讲解微商活动策划的相关内容。

要点展示

线上微商活动策划
线下微商活动策划

13.1 线上微商活动策划

微商原本是在线上兴起的,它由只做朋友生意→做朋友的朋友生意→做朋友和陌生人的生意而发生转变,而且还可以将购买产品的朋友变成自己的代理,也就是这样的转变和微商真实销量来看,让微商成为了人们口耳相传的营销方式。

下面就来了解线上微商活动策划的相关内容。

13.1.1 线上微商活动成功的诀窍

活动策划者若想让自己微商活动举办成功,就需要关注引流方面的内容,可以说引流的成效可以决定微商活动的成败。试想一下,若活动策划者策划出了一个非常完美的微商活动,可是因为引流不理想,难以让活动展示在大范围人群面前,那可谓就是"英雄无用武之地",实属浪费。

因此,对于线上微商活动来说,成功的秘诀在于引流是否能成功,那么微商活动该如何进行引流呢?如图13-1所示。

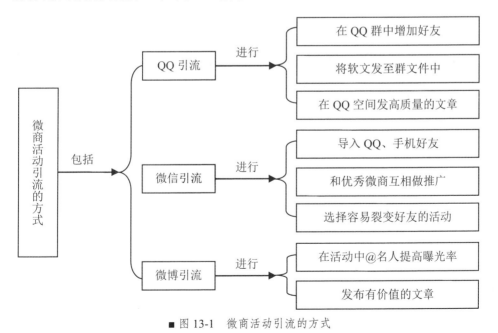

■ 图13-1 微商活动引流的方式

> **专家提醒**
>
> 在微信中裂变好友的活动有很多种,最为常见的就是以下几种方式。
> - 点赞转发活动。
> - 疯狂降价活动。
> - 好友众筹活动。

13.1.2 线上微商活动需打情感牌

微商活动本就是一种从情感上下手的活动类型,因为微商绝大多数用户都是自己认识的好友,或者是从好友那里裂变而来的好友,不管怎样这些好友和微商本人都会有一定情感上的链接,正是如此,微商活动才更需要打出情感牌,让情感来吸引人们的注意力。

例如,笔者的小学同学很久没有联系了,有一天突然加上了微信好友,然后发现他是微商,本是起了想删除的念头,可是细想了一下还是有同学情的,所以放弃了删除的想法,且还去尝试了他家产品,觉得产品还算不错就成为了长久用户了,如图13-2所示。

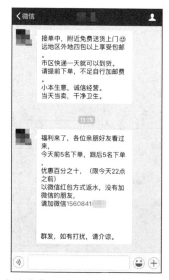

■ 图13-2 微信上的微商

第 13 章　微商活动策划

在这个到处都是微商的时代，渐渐的人们对微商产生了一些抵制心理，让很多人做出了屏蔽微商信息和删除微商好友的做法，所以一些蹩脚的感情牌是难以捕获到好友们的购买心理的。那么如今活动策划者该如何去打感情牌呢？如图 13-3 所示。

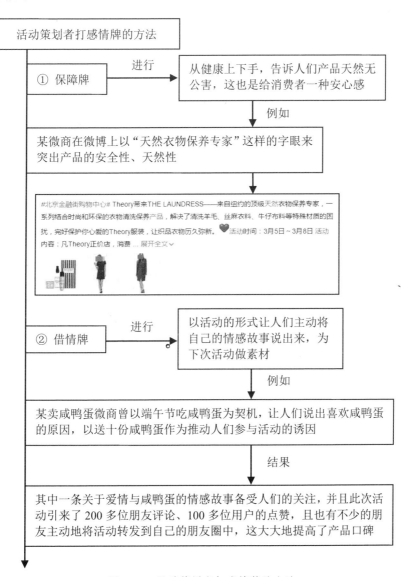

■ 图 13-3　活动策划者打感情牌的方法

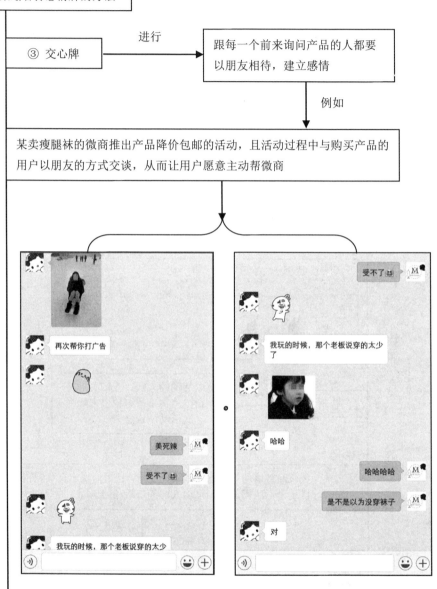

■ 图 13-3 活动策划者打感情牌的方法（续）

13.1.3 线上微商活动的注意事项

活动策划者在策划线上微商活动时，不要轻易策划出一个活动，应该严谨用心地进行，若太过于随意，很容易降低微商在朋友心中的地位。下面就来进一步了解活动策划者在策划线上微商活动时需要注意的事项，如图 13-4 所示。

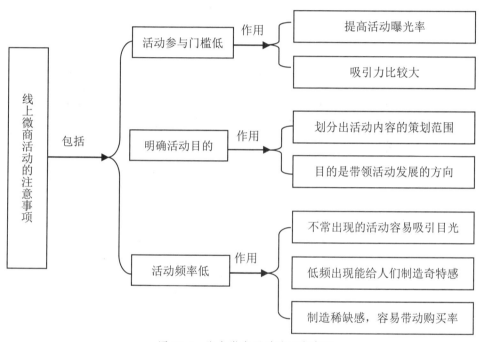

■ 图 13-4　线上微商活动的注意事项

13.1.4 【实战案例】出售辣条活动策划书

下面就以某卖辣条微商为例，模拟一份微商活动策划书，即《出售辣条活动策划书》，具体如下。

出售辣条活动策划书

一、活动目的
提高辣条销量以及提高产品的曝光度。

二、活动时间

【撰写指南】：微商举办活动的时间其实非常好定，随时都能进行，当然在进行微商活动之前，可以使用一些小技巧，例如，在微信、QQ、微博等引流平台发布询问是否进行活动的内容："大家觉得我应不应该在这几天做一些特价活动来服侍我的上帝们呢？若觉得需要的请在 2 天内留言 1 即可，若超过了 30 个 1 就在 9 月 6 日推出活动"，这样既告诉了人们进行活动的时间，又打着民主的口号来听取人们的建议，这大大提高了微商在人们心中的印象。

下面就来了解出售辣条活动策划书的活动时间，如图 13-5 所示。

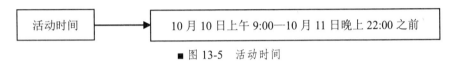

■ 图 13-5　活动时间

三、活动地点

活动地点为在微信、微博、QQ 这三个平台上发布活动信息，最后引流到辣条微店上进行购买项目。

四、活动对象

微商的粉丝和朋友以及其他陌生朋友。

五、活动内容

【撰写指南】：根据活动目的进行活动内容的制订，如图 13-6 所示为出售辣条活动策划书的活动内容。

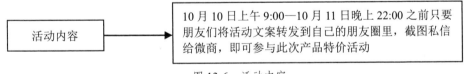

■ 图 13-6　活动内容

六、活动安排

【撰写指南】：活动安排需要根据活动内容来制订，如图 13-7 所示为出售辣条活动策划书的活动安排。

【案例分析】

微商活动相比其他活动来说其活动策划书不需要那么正规，毕竟微商是一种自媒体职业,只要微商自己觉得活动力度、活动费用等方面是自己能承担的即可执行活动,这就是微商的一种好处,它足够自由,相对来说活动的开展也就足够自由了。

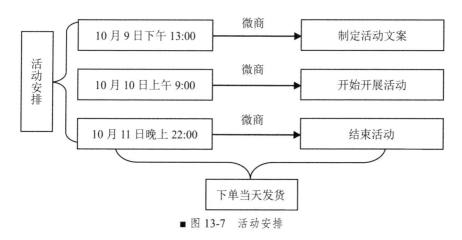

■ 图 13-7 活动安排

值得注意的是微商在进行活动之前,可以多在互联网上、身边的其他微商身上学学他们那些成功的活动,取其精华,去其糟粕,再运用到自己活动中即可。

线上微商活动策划书一般大致相同,通过《出售辣条活动策划书》就可以发现在线上微商活动策划书中需要具有的元素,如图13-8所示。

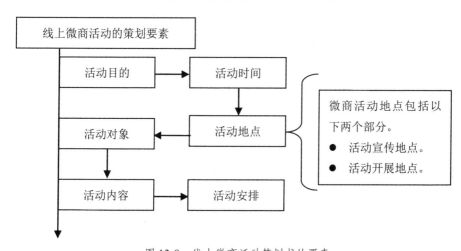

■ 图 13-8 线上微商活动策划书的要素

13.2 线下微商活动策划

线下微商活动策划的意义其实就是引流,扩大"微商朋友"的规模,让微商获得更多的用户。下面就来了解线下微商活动的相关内容。

13.2.1 线下微商活动成功的诀窍

微商在进行线下活动之前需要做好准备,要知道机遇是留给做好准备的人的,由此,准备就是线下微商活动成功的诀窍。

那么,活动策划者需要做好哪些准备才能将线下微商活动做好呢?如图13-9所示。

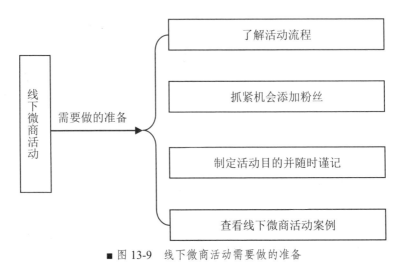

■ 图 13-9 线下微商活动需要做的准备

13.2.2 线下微商活动的类型

很多人都认为微商只会在互联网上进行活动,其实是不对的,微商活动也能出现在线下,通过在线下举行活动,将人流量引入线上,这就是一种增加用户量的活动方式。下面就来了解微商在线下有哪些常见的活动类型,如图13-10所示。

Chapter 13
第13章 微商活动策划

线下微商活动的类型 —— 包括：
- 公益活动——拿出一部分产品捐给义卖组织，且让购买者扫描微商二维码，即可获得一份爱心礼物，这样就能让微商得到人流量了
- 大型微商活动——这类活动聚集的都是微商，微商可以选择参加或自己组织，这样可以相互添加合适的微商，交流微商之道，感情好了还可以互相做推广
- 举办培训活动——这类活动就是为微商自己增加代理商的，而这样的培训活动是代理商、想做微商的人群福音
- 路旁扫二维码活动——可以拿着自己的微信二维码站在大街上，让路人帮忙扫描二维码，即可赠送一些小礼物

例如扫二维码送小黄人活动

■ 图 13-10 线下微商常见活动的类型

13.2.3 线下微商活动的推广模式

活动策划者在策划线下微商活动时，活动推广模式是需要嵌入到活动内容中去的，且活动推广模式也是微商获得人流量的渠道之一。下面就来了解线下微商

活动常见的推广模式，如图13-11所示。

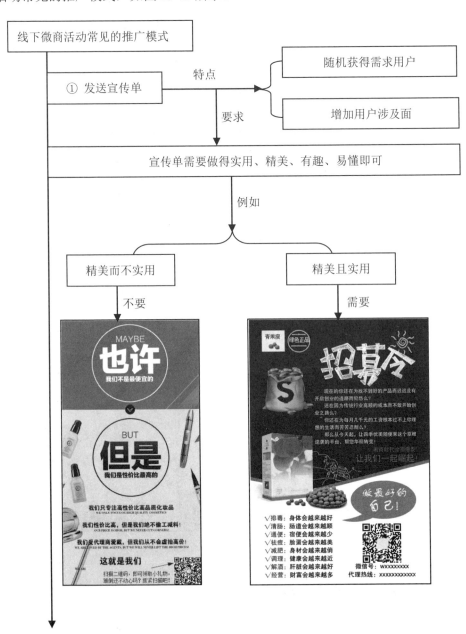

■ 图13-11 线下微商活动常见的推广模式

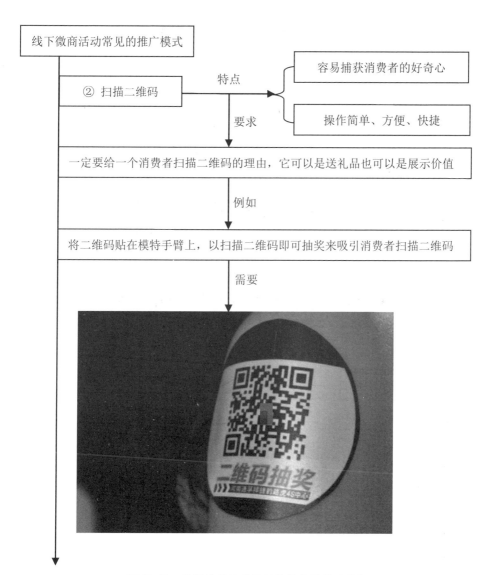

■ 图 13-11 线下微商活动常见的推广模式（续）

13.2.4 【实战案例】扫描二维码就送礼活动策划书

下面就来以某微商在线下做的扫描二维码活动为例，模拟一份线下微商活动策划书，即《扫描二维码就送礼活动策划书》，具体如下。

扫描二维码就送礼活动策划书

一、活动目的

增加微商个人微信公众号的粉丝。

二、活动时间

【撰写指南】：线下微商活动主要的目的是引流，由此，活动策划者最好是选择在节假日时进行活动，毕竟节假日时期人们才有时间出门游玩。如图 13-12 所示为扫描二维码就送礼活动策划书中的活动时间。

■ 图 13-12　活动时间

三、活动地点

【撰写指南】：选择人流量大的位置，如图 13-13 所示为扫描二维码就送礼活动策划书中的活动地点。

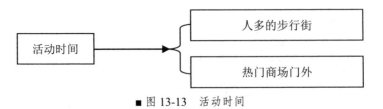

■ 图 13-13　活动时间

四、活动对象

街边路人。

五、活动类型

路旁扫二维码活动。

六、活动方式

用扫描二维码就送小礼品的形式来开展活动。

七、活动内容

聘用 6 名模特在人多的步行街和热门商场门外吸引路人扫描微商个人微信公众号二维码，且只要扫描并关注了公众号的路人就可以获得礼品（杯子、小草夹子）。

八、活动预算

【撰写指南】：活动预算一定要列举全面，只有这样才能大概估算自己的活动花费,看是不是在自己能承受的范围之内,若不在之内,则需要重新策划一份活动。如表 13-1 所示为扫描二维码就送礼活动策划书中的活动预算。

表 13-1 活动预算表

活动名称	扫描二维码就送礼活动策划书			
活动目的	增加微商个人微信公众号的粉丝			
用途	项目	单价	数量	总价
人工费	模特	100 元 / 天	6 人	600 元
二维码	二维码制作	5 元 / 张	6 张	30 元
礼品	杯子	5 元 / 个	100 个	500 元
	小草夹子	0.1 元 / 个	300 个	30 元
桌子	放礼品的桌子	20 元 / 个	1 个	20 元
服装	有特色的旗袍	300 元 / 件	4 件	1 200 元
不可预计花费				220 元
总计				2 600 元

【案例分析】

线下微商活动策划书一般大致相同,通过《扫描二维码就送礼活动策划书》就可以发现在线下微商活动策划书中需要具有的元素,如图 13-14 所示。

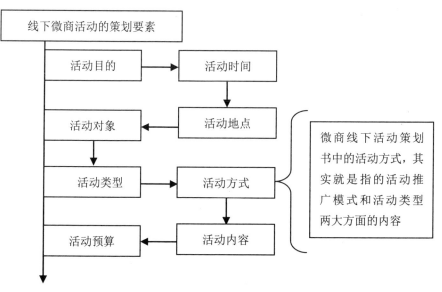

■ 图 13-14 线下微商活动的策划要素

第 14 章

行业活动策划

学前提示

如今各行各业都养成以活动的形式来提高企业自身的知名度、品牌美誉度、产品销量等方面的习惯。由此,活动已经成为了行业炙手可热的"战士",成了各行业不可缺失的一部分。本章就以餐饮、美容、游戏这三大行业为例,了解行业活动策划的相关内容。

要点展示

餐饮行业活动策划
美容行业活动策划
游戏行业活动策划

14.1 餐饮行业活动策划

餐饮行业是一种全方位服务的行业，消费者不单单想在餐饮行业中获得美味吃食，还想在享用美味的过程中获得舒心的服务，只有这样消费者才会愿意长久光顾一个地方，才会让消费者感到满意。

于是在餐饮行业中就出现了各个企业不仅在为消费者提供好的吃食，还不停地在策划一些足够吸引消费者眼球的活动，来促使消费者得到满足感的现状，由此可知，餐饮行业比较看重的"挖金技巧"就是活动策划了。下面就来了解餐饮行业活动策划的相关内容。

14.1.1 让口碑成为餐饮活动的宗旨

餐饮其实是一种最需要口碑效应的行业，例如在团购中，若自家餐馆被消费者留言说味道不好、服务差等不利口碑的评价，则会大大损坏餐馆的名声，从而影响其他消费者想要去此餐馆觅食；若有消费者留言说餐馆味道好、不错的服务等有利于口碑的评价，则会大大提高餐馆的名声，从而推动其他消费者去餐馆亲自体验一番。如图 14-1 所示为百度糯米网上同一时间推出团购活动的两家餐馆得到不利口碑的销量和得到有利口碑的销量对比。

通过图 14-1 可以看出，两家餐馆同样得到了一个差评，可在同一时间进行售卖，口碑好的餐馆都卖到了 2016 年 3 月 14 日了，且已有 67 人进行评论，而那家得到不利口碑评论的餐馆，却只卖到了 2016 年 1 月 3 日，且只有 14 人进行了评价，可见口碑对餐馆的作用力还是非常大的。

因此，活动策划者在策划餐饮行业的活动时，需要以提高口碑作为活动宗旨，时时刻刻注意活动内容是否会影响口碑，若确定活动能提高口碑，即可实行；若不能确定活动是否能提高口碑或者发现会影响口碑，哪怕是一点小因素也需要重新修改活动内容，直到确保活动能成为提高口碑的利器为止。

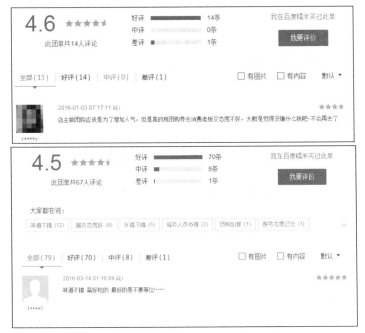

■ 图 14-1　不利口碑与有利口碑的销量

14.1.2　从自我分析再进行活动也不迟

活动策划者不要急躁地进行餐饮行业活动策划工作,需要根据自身现状做一个诊疗,分析出可能会影响餐饮活动成功的因素,做到在活动中尽量规避。下面就来了解活动策划者需要从三个方面入手分析自我,才能规避影响餐饮活动成功的因素,如图 14-2 所示。

活动策划者若想了解竞争对手的实力,可以从以下三个方面判断。
- 竞争对手产业的地理位置,若是在繁华地段则说明其资金雄厚。
- 竞争对手的口碑,若口碑好则说明竞争对手维护用户手段高明。
- 竞争对手的销售和服务团队,若销售和服务团队都比较优秀,则说明人资力量好。

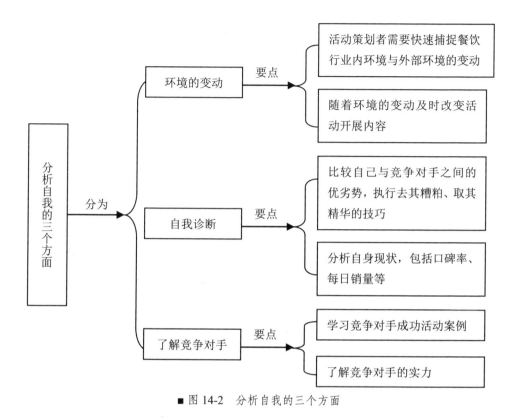

■ 图 14-2　分析自我的三个方面

14.1.3　活动不盲目有策略即可成大事

餐饮行业活动最为忌讳的就是盲目进行活动策划，若餐饮活动是活动策划者盲目策划出来的，则很容易偏离活动目的、活动宗旨，很有可能成为消费者避而远之的活动，更可能成为竞争对手的笑柄。

因此，活动策划者在策划餐饮活动之前，需要根据四大活动策略，加以思考之后再进行活动策划工作即可，那么究竟是哪四大活动策略呢？如图 14-3 所示。

14.1.4　【实战案例】"Hi 游戏 今天你挑战了吗？"活动策划书

某火锅品牌一直以服务极好为名，也是餐饮界人们口耳相传的热门品牌，就算是如此出名,也需要通过活动来补充消费者对某火锅的新鲜感。下面就以某火锅的活动为例,模拟一份餐饮行业活动策划书,即《"Hi 游戏 今天你挑战了吗?"活动策划书》,具体如下。

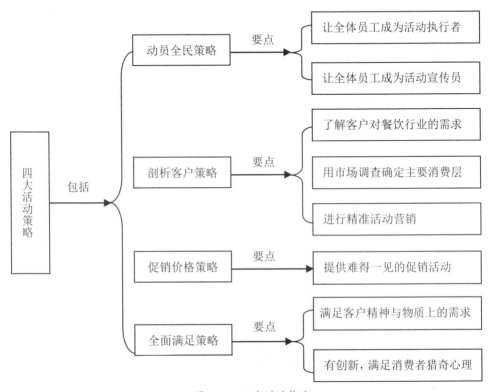

■ 图 14-3 四大活动策略

"Hi 游戏 今天你挑战了吗?"活动策划书

一、活动背景

【撰写指南】:将举办活动原因、作用以及活动名称撰写出来。如图 14-4 所示为某火锅"Hi 游戏 今天你挑战了吗?"活动策划书中的活动背景。

二、活动目的

通过此次"Hi 游戏 今天你挑战了吗?"活动,提高消费者与某火锅之间的交流,用游戏的"趣"来吸引消费者的注意力,从而提升消费者对某火锅的情怀,推动该火锅的销量。

第14章 行业活动策划

一、活动背景

虽然 某某 已经沉淀了不少的名气与口碑，但还是需要着手维护用户群体的事宜，毕竟人们都有一种对新鲜事物感到好奇，对旧事物感到乏味的心态，为了维护用户与海底捞之间的感情，才决定进行此次"HI 游戏 今天你挑战了吗？"活动。

■ 图 14-4　活动背景

三、活动时间

活动时间为 3 月 22 日。

四、活动对象

关注某火锅微信公众号的用户。

五、活动地点

【撰写指南】：餐饮行业的活动地点常在自己的实体店铺内进行，或者是在互联网上进行，活动策划者可以根据活动目的来选择出一个较为适合的活动地点。如图 14-5 所示为某火锅"Hi 游戏 今天你挑战了吗？"活动策划书中的活动地点。

■ 图 14-5　活动目的

六、活动宣传方式

【撰写指南】：一般来说，活动的宣传方式越多越好，可是对于餐饮行业来说，活动宣传方式不需要太多，选择一两个最为合适的宣传方式即可。如图 14-6 所示为某火锅"Hi 游戏 今天你挑战了吗？"活动策划书中的活动宣传方式。

七、活动内容

【撰写指南】：餐饮行业的活动内容需要言简意赅地表达出来，如图 14-7 所示为某火锅"Hi 游戏 今天你挑战了吗？"活动策划书中的活动内容。

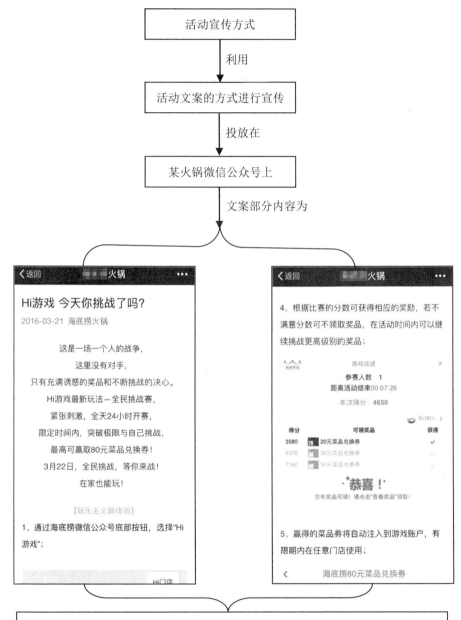

■ 图14-6　活动宣传方式

Chapter 14
第 14 章　行业活动策划

■ 图 14-7　活动内容

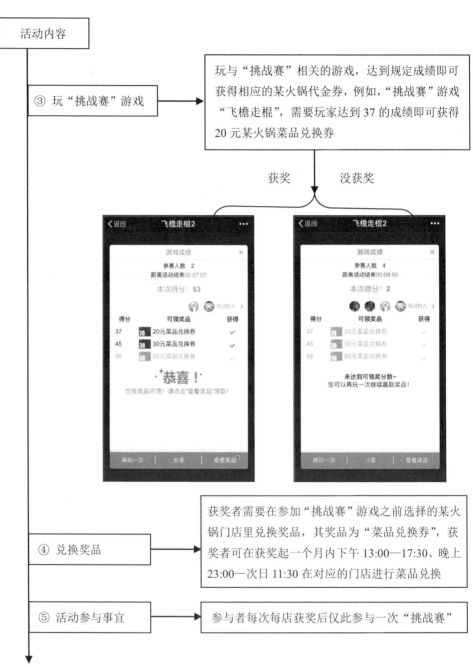

■ 图 14-7　活动内容（续）

八、活动奖品使用说明

【撰写指南】：活动策划者需要将活动兑换奖品的注意事项讲清楚，这样才能避免在活动执行的过程中与消费者产生口角上的麻烦，也能让活动审批者进一步了解活动执行事项，判断活动是否能执行。如图14-8所示为某火锅"Hi 游戏 今天你挑战了吗？"活动策划书中的活动奖品使用说明。

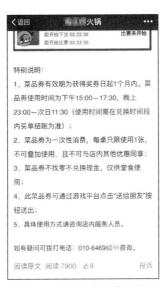

■ 图 14-8　活动奖品使用说明

【案例分析】

某火锅此次举办的活动，可以说是集合了"趣"与"惠"，以游戏的方式来吸引消费者的注意力，用优惠作为游戏奖品，由此可见，在餐饮行业活动中需要有对消费者有益处的内容，且参与活动的方式需要有趣，只有这样才能加大消费者对活动的参与兴致。

值得注意的是，除了上方提到的"Hi 游戏 今天你挑战了吗？"活动策划书中活动撰写要素之外，还有活动预算、活动评估、活动工作安排这几个方面的内容需要活动策划者在活动策划书中详细讲明。

14.2 美容行业活动策划

美容行业算是一种发展较快的行业,到 2016 年 6 月份截止我国美容行业的门店数已超过了 160 多家,可见人们对美容的需求是多么大。

如今,人人都爱美,对于美容方面的内容人人都想掌握一些,这也直接地推动美容业的发展,在美容行业还没有发展起来之前,美容行业的价格相对来说是较为高昂的,对于普通老百姓来说想要进行一次美容是较为吃力的。

慢慢的人们生活水平提高了,渐渐的有人愿意去尝试美容,可是还不普遍,直到美容行业学会用一些促销活动来吸引消费者,将美容费用稍微降低,然后就有人愿意去尝试,逐渐地就越来越被人们接受,可见活动对美容行业来说意义重大。下面就来了解美容行业活动策划的相关内容。

14.2.1 明确活动目标才是王道

虽说如今与之前相比,人们对美容行业有了很大的改观,可是还是有一部分的人群会怀疑美容风险,毕竟在现实中存在一些美容纠纷,由此,美容行业的活动举办得是否成功就需要依靠活动目标、活动的开展形式才行,若一个美容行业活动目的都不明确,那么这个活动注定是失败的,甚至还会影响美容品牌形象与口碑。

这里先来了解美容行业的活动目标,14.2.2 小节再讲解活动开展形式的相关内容。美容行业的活动目标是需要通过制订合适的活动计划才能得以实现的,可是活动计划还是需要依靠活动目标作为策划活动计划的准则,只有这样才不会偏离活动策划者进行美容行业活动策划工作的初衷。

一般来说,活动策划者若想制订一个好的美容行业活动目标,就需要从两个方面出发,如图 14-9 所示。

一般来说,美容行业的常见活动目标为以下两个方面。
- 提高美容品牌知名度,获得好的口碑。
- 提高美容门店的销量。

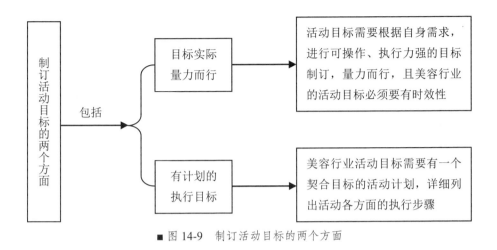

■ 图 14-9　制订活动目标的两个方面

14.2.2　活动形式围绕促销而为

美容行业的活动开展形式其实都是围绕促销而展开的，因为只有那些促销活动才能有明显双赢的效果，即美容行业既能提高自我销量又能提高人气，而消费者又能满足"占便宜"的心理。

由此，促销活动才是美容行业所推崇的活动形式，那么一般美容行业活动是如何开展促销活动的呢？如图 14-10 所示。

14.2.3　美容行业活动宣传方式

大家常见的美容行业活动宣传方式就是在美容门店上放上一个比较大的宣传海报，或者是让员工在人流比较聚集的地方派发宣传单，抑或是由美容店中的员工将活动内容告知前往美容的消费者等，这些都算是美容行业较为传统活动的宣传方式。

如今是互联网时代，美容行业将活动宣传重点放在了互联网上，不少美容品牌都拥有一个属于自己的网站，届时活动就能在自己官网上进行宣传，一般来说，愿意主动打开官网的用户都是对美容方面有需求或者想要了解美容，而这些用户就是美容品牌的精准用户了。如图 14-11 所示为某美容品牌官网上的活动宣传海报。

进行美容促销活动的方式

① 节日促销 → 借助节日气氛推出平日消费者难以碰到的促销力度

例如

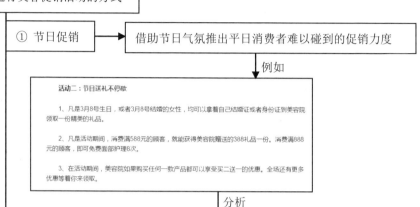

分析

利用3月8日妇女节的节日气氛，不仅专为女性提供了送礼活动，还为其他顾客提供了满就送的活动以及买二送一的活动，这样的活动力度非常吸引人，且以妇女节为铺垫石，给消费者一个活动推出的原因

② 庆典活动 → 借助品牌庆典来提升美容企业知名度

例如

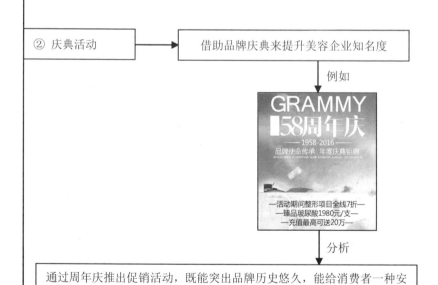

分析

通过周年庆推出促销活动，既能突出品牌历史悠久，能给消费者一种安心的感觉，也给了一个举办活动的理由

■ 图14-10 进行美容促销活动的常用方式

Chapter 14
第 14 章 行业活动策划

■ 图 14-11　某美容品牌官网上的活动宣传海报

除了网站之外，美容行业还会在自己的微信公众号上推送活动信息，例如某医疗美容院就在自己的微信公众号上推出了"100 000 个脱毛名额免费送"活动，且被 4 924 名用户阅读，可见其曝光率还是不错的，如图 14-12 所示。

■ 图 14-12　"100 000 个脱毛名额免费送"活动微信公众号宣传

14.2.4 【实战案例】18周年庆活动策划书

下面就以某美容院18周年庆活动为例，模拟一份美容行业活动策划书，即《18周年庆活动策划书》，具体如下。

18周年庆活动策划书

一、活动背景

3月份是某美容院创建以来的18年，为了回馈广大用户对某美容院的爱戴，特在3月份推出18周年庆活动，以此维护用户与某美容院之间的情感，以及提高某美容院的知名度、美誉度、销量。

二、活动主题

荣耀亚洲18年 某美容院整形周年庆

三、活动目的

提高某美容院的知名度、美誉度和销量

四、活动时间

3月1日—3月31日

五、活动地点

某美容院所有店面

六、活动内容

【撰写指南】：美容行业的周年庆活动内容一般都会包括多项促销活动，如图14-13所示为18周年庆活动策划书中的活动内容。

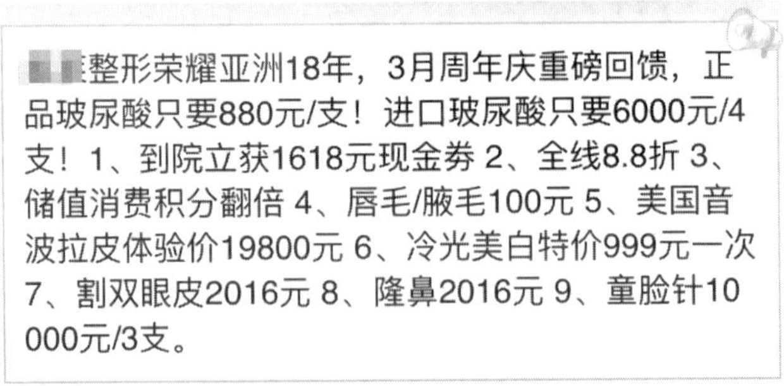

> ▇▇整形荣耀亚洲18年，3月周年庆重磅回馈，正品玻尿酸只要880元/支！进口玻尿酸只要6000元/4支！1、到院立获1618元现金券 2、全线8.8折 3、储值消费积分翻倍 4、唇毛/腋毛100元 5、美国音波拉皮体验价19800元 6、冷光美白特价999元一次 7、割双眼皮2016元 8、隆鼻2016元 9、童脸针10000元/3支。

■ 图14-13 活动内容

七、活动宣传方式

【撰写指南】：一般来说，美容行业的活动宣传方式线上、线下都需要进行。如图14-14所示为18周年庆活动策划书中的活动宣传方式。

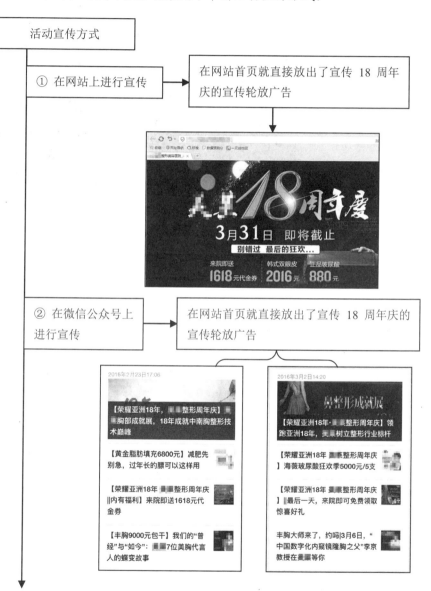

■ 图14-14 活动宣传方式

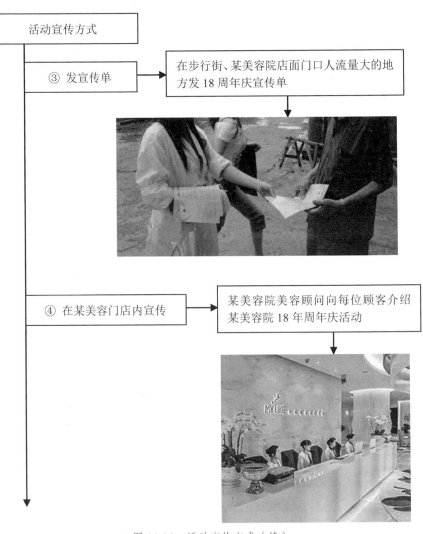

■ 图 14-14　活动宣传方式（续）

【案例分析】

某美容院此次举办的活动，借助周年庆来推出相关促销活动，不会让人们觉得活动来得很突然，也通过"18周年庆"中的"18"让消费者知道了某美容院已经存在了18年，进一步给消费者一种安心的感觉，毕竟一家企业存在的时间长，就说明其公司的服务、产品等各方面内容都会有所保障，并用9项周年庆促销活动来吸引消费者的眼球,且价格较为低,抓住了消费者"爱便宜"的心理,勾起消费者想要尝试美容的欲望,从而提高了某美容院的销量。

值得注意的是,美容行业所进行的活动一定要站在盈利的角度进行,虽说是向外提供促销活动,但还是需要赚成本的,只要不会亏损,即可进行,若会出现亏损的情况,则需要重新策划活动,不然活动的出现就毫无意义了。

14.3 游戏行业活动策划

对于游戏行业来说,活动是一种常用推动人们玩游戏的技巧,由此,活动对于游戏行业来说,是一种必不可少的吸引人们注意力的内容。下面就来了解游戏行业活动策划的相关内容。

14.3.1 挖掘游戏玩家需求

随着科技的发展,游戏种类也越来越多,就促使游戏行业出现用户难以维护、忠实用户难以培养的大难题,这让游戏企业头痛不已。随着时间的推移,游戏企业发现游戏活动是维护游戏玩家的突破口,由此游戏活动也逐渐成为了游戏企业重大吸睛的方式。

也正如此,使用活动的方式维护游戏玩家的游戏企业太多了,也让游戏玩家感到毫无新意,就会出现玩家以自我心情的好坏来选择是否参加游戏的情况,这大大地降低了活动的价值。

所以,活动策划者在策划游戏行业活动之前,需要做一次市场调查,调查出游戏玩家对游戏的需求,对游戏的建议,可以根据游戏玩家提供的信息来思考游戏活动的策划方向。

例如,某游戏中的"礼从天降"活动,只要玩家每天第一次进入游戏,就可免费抽奖,而奖品都是利用玩家们玩游戏的道具,如游戏角色在节奏大师中就能帮助玩家增加过关的道具,若玩家不参与活动,就只能用虚拟砖石换游戏角色,若没有那么多砖石就需要游戏玩家购买虚拟砖石才能得到对应的游戏人物了,由此可见,这样的活动能大大地提高游戏玩家的参与度。

某游戏中的"礼从天降"活动,其实就是抓住了游戏玩家不愿意出钱购买道具,又难以过关的心理,用一些游戏中需要用的道具来吸引游戏玩家的注意力,而游戏玩家习惯使用道具了,若突然没有道具用了,届时游戏玩家还是会愿意掏钱出来买道具的。如图 14-15 所示为"礼从天降"活动参与界面。

■ 图 14-15 "礼从天降"活动参与界面

那么,活动策划者该如何才能挖掘到游戏玩家的需求呢?如图 14-16 所示。

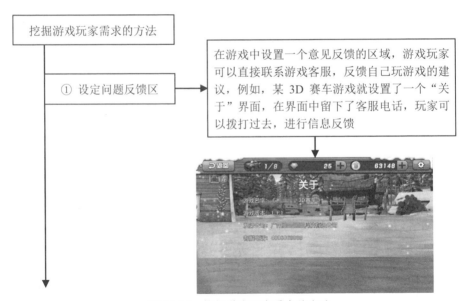

■ 图 14-16 挖掘游戏玩家需求的方法

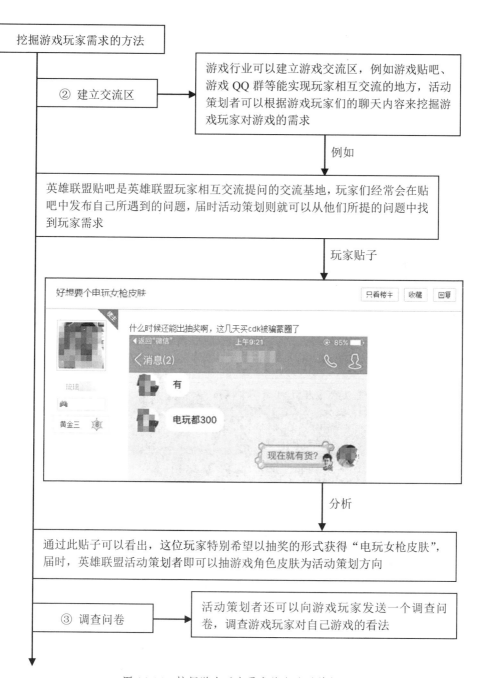

■ 图 14-16 挖掘游戏玩家需求的方法（续）

14.3.2 让活动融入到游戏

游戏行业活动最大的作用在于调动游戏玩家玩游戏的兴趣，也就是以活动的形式，让游戏玩家保持对游戏的"把玩"心态，那么何不让活动和游戏融在一起，这岂不加大了游戏玩家玩游戏的频率。

活动策划者可以从两个方面来设计活动，就能使活动融入到游戏中，如图 14-17 所示。

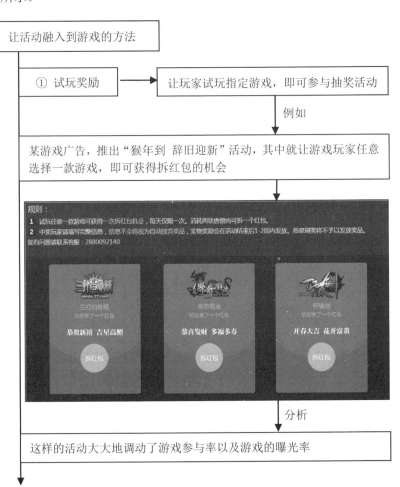

■ 图 14-17　让活动融入到游戏的方法

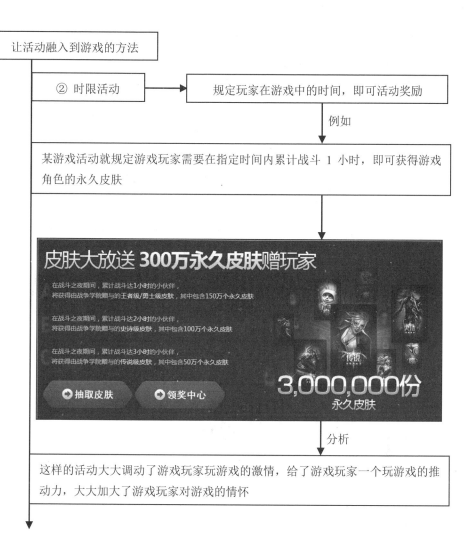

■ 图 14-17 让活动融入到游戏的方法（续）

14.3.3 游戏活动的宣传方式

游戏活动也是需要进行宣传的，只有进行宣传才能让更多的游戏玩家知晓游戏活动的存在，不然再好的游戏活动无人参与也是毫无用处的。

由此，活动策划者在撰写游戏活动策划书时，需要将活动宣传方式撰写清楚，最好选择那些宣传费用少、宣传效果好的活动宣传方式，只有这样才能实现实惠与有效。下面就来了解游戏活动常用的宣传方式，如图14-18所示。

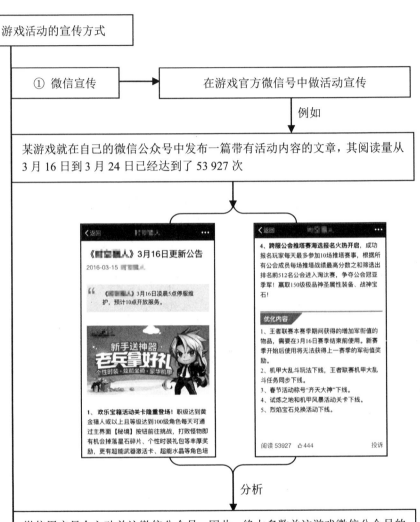

■ 图14-18 活动常用的宣传方式

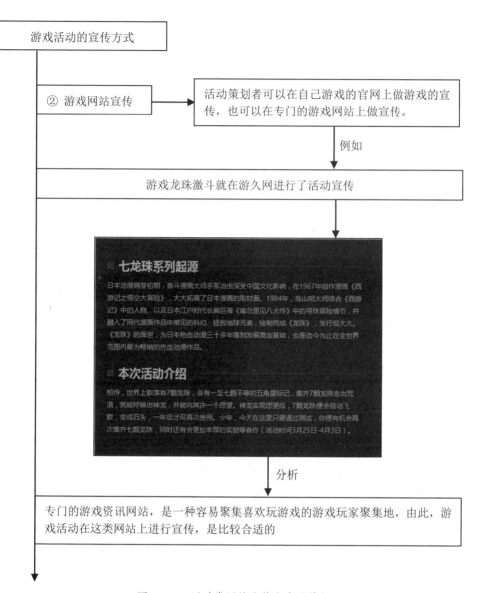

■ 图 14-18　活动常用的宣传方式（续）

14.3.4 【实战案例】联盟战斗的召唤活动策划书

下面就以某联盟游戏活动为例，模拟一份游戏行业活动策划书，即《联盟战斗的召唤活动策划书》，具体如下。

联盟战斗的召唤活动策划书

一、活动目的

推动游戏玩家进驻到某联盟游戏中，提高游戏参与率。

二、活动主题

联盟战斗的召唤

三、活动时间

5月19日—5月25日

四、活动宣传方式

【撰写指南】：活动策划者尽量减少宣传上的花费，最好先从自我资源下手。如图14-19所示为联盟战斗的召唤活动策划书中的活动宣传方式。

■ 图14-19 活动宣传方式

五、活动内容

【撰写指南】：一般大型游戏的活动内容不会太过于单一，几乎都有2～3个内容，且活动内容中一定会含有游戏玩家参与活动后可能会得到礼品的内容，这样的内容才能勾起游戏玩家的参与兴趣。如图14-20所示为联盟战斗的召唤活动策划书中的活动内容。

六、活动注意事项

【撰写指南】：活动策划者需要将在活动中可能会发生的问题，或者是特别注意事项都讲清楚。如图 14-21 所示为联盟战斗的召唤活动策划书中的活动注意事项。

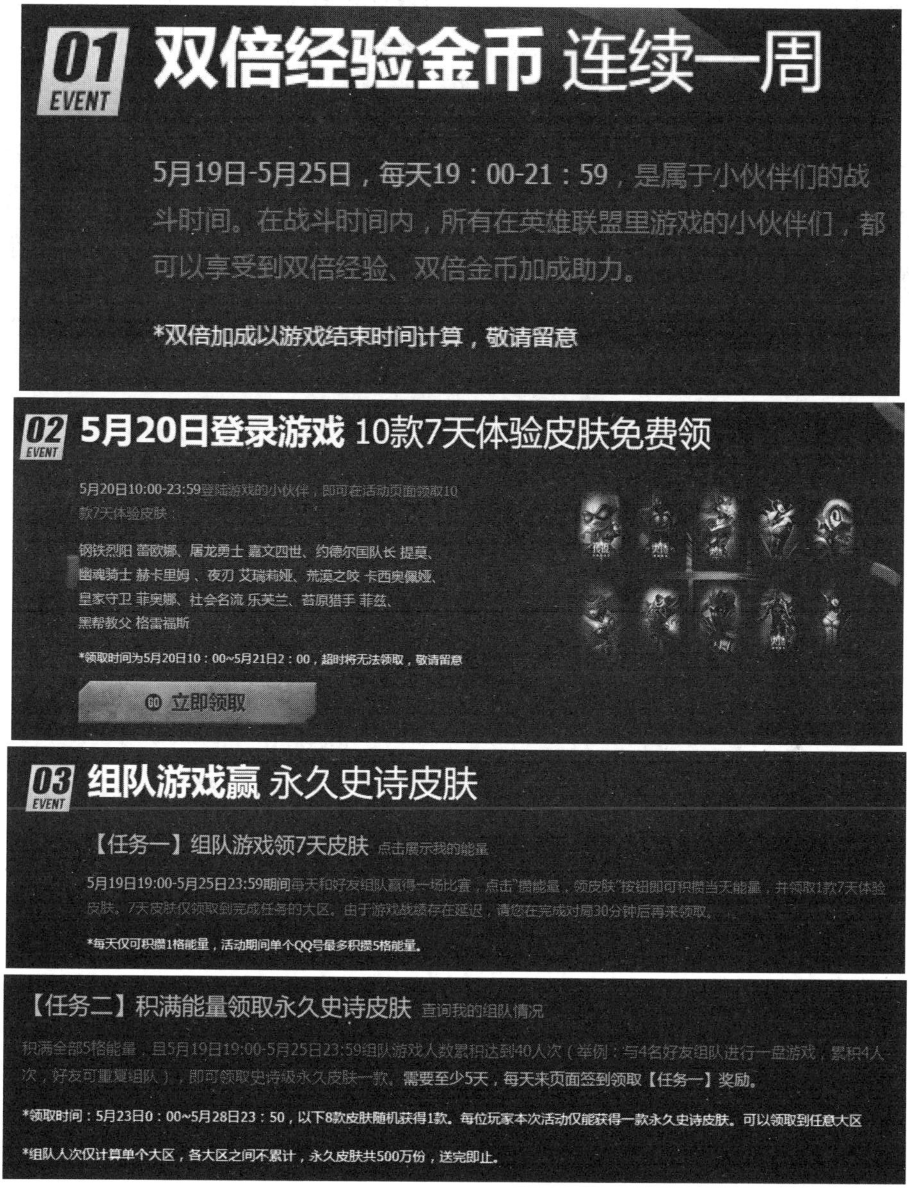

■ 图 14-20　活动内容

活动策划实战宝典：品牌推广 + 人气打造 + 实战案例

> **04 活动规则**
>
> 1. 5月19日~5月25日，每天19：00~23：59，全区开启双倍经验双倍金币。奖励时间以游戏结束时间计算。
> 2. 5月20日10：00~5月20日23：59期间登陆过英雄联盟的玩家，即可在本页面领取10款7天体验皮肤。领取时间为5月20日10：00~5月21日2：00，超过领取时间将无法领取。每个QQ号仅限领取1次。皮肤将会在24小时内到账，敬请留意。
> 3. 5月19日19：00~5月25日23：59，每天和好友组队赢得一局比赛胜利。即可累积一格友情能量，同时可以领取1款7天体验皮肤。每天仅能累积一格能量并领取1款皮肤，领取免费皮肤不会消耗能量。
>   仅可在以下游戏模式中完成：
>   玩家对战→经典对战模式→召唤师峡谷→匹配模式自选模式；
>   玩家对战→极地大乱斗→嚎哭深渊→匹配模式随机；
>   人机对战→经典对战模式→召唤师峡谷。
> 4. 积满全部5格能量，且5月19日19：00~5月25日23：59期间，组队游戏的好友数达到40人次，即可领取永久史诗皮肤一款，随机发放。每个QQ号仅能领取一款。有效游戏模式请参见规则3。
> 5. 永久皮肤共500万份，送完即止。

■ 图 14-21　活动注意事项

【案例分析】

某联盟游戏此次举办的活动，其实没有什么成本，因为奖品都是游戏中的虚拟物品，且活动宣传方式又是选择游戏官方网站宣传，由此成本固然比较少。对于不是特别出名的游戏，最好是选择一些热门的游戏官网进行宣传，这样才有助于活动的开展以及提高游戏的曝光率。

　　游戏行业活动其实是比较容易策划的，只要活动在游戏企业经济承受范围之内，且活动内容有趣，容易勾起游戏玩家的兴趣，那么游戏活动的成功就会大大的提高。